辽宁高速公路
景观生态廊道化研究

朱 玲 主 编
刘一达 胡振国 冯卫东 副主编

中国建筑工业出版社

图书在版编目（CIP）数据

辽宁高速公路景观生态廊道化研究/朱玲主编. —北京：中国建筑工业出版社，2019.10
ISBN 978-7-112-24255-9

Ⅰ.①辽… Ⅱ.①朱… Ⅲ.①高速公路-公路景观-研究-辽宁 Ⅳ.①U418.9

中国版本图书馆CIP数据核字（2019）第217814号

责任编辑：杨　琪
责任校对：芦欣甜

辽宁高速公路景观生态廊道化研究
朱　玲　主编
刘一达　胡振国　冯卫东　副主编

*

中国建筑工业出版社出版、发行（北京海淀三里河路9号）
各地新华书店、建筑书店经销
北京锋尚制版有限公司制版
北京建筑工业印刷厂印刷

*

开本：787×1092毫米　1/16　印张：13¼　字数：236千字
2019年12月第一版　　2019年12月第一次印刷
定价：59.00元
ISBN 978-7-112-24255-9
（34753）

版权所有　翻印必究
如有印装质量问题，可寄本社退换
（邮政编码100037）

本书编委会

詹姆斯·希契莫夫（James Hitchmough）
聂　鹏　孟航旭　魏　宜　李博浩　郝海洪
冷雪冬　王秋实　杭　烨　董　磊　毕聪斌
曹经宇　徐丕海　马　尚　吕松霖　宋庆勇
白佳希　杜　宁　张鹏伟　郑志宇　孔　慧
李维莹　刘洪海　李　辉　陈宗胜　王　睿

序

《辽宁高速公路景观生态廊道化研究》是一本很值得一读的专著。我一口气读完这本书，书中闪耀的真知灼见，让我感到越读越有品位、越读越有收获。我深深地感到，对高速公路景观生态进行研究，意义重大、影响深远。首先，此项研究工作是贯彻新发展理念的务实之举。党中央强调，坚持绿色发展是发展观的一场深刻革命，要从转变经济发展方式、环境污染综合治理、自然生态保护修复、资源节约集约利用、完善生态文明制度体系等方面采取超常措施，全方位、全地域、全过程开展生态环境保护。此项研究，就是响应党中央号召，把绿色发展理念融入高速公路建设的具体实践。其次，以辽宁为例开展此项研究工作，具有较好的代表性。辽宁高速公路建设起步较早，是中国高速公路发展的一个缩影。1984年被誉为"神州第一路"的沈大高速公路在全国率先建设，标志着我国高速公路发展进入了新阶段。同时，辽宁有山、有水、有平原，路形地貌具有典型性，解决好辽宁高速公路的景观生态问题，对全国而言都具有重要借鉴意义。第三，此项研究工作具有创新性、开创性。承担此项研究工作的是一个高水平的团队，既有沈阳建筑大学的知名教授，又有英国谢菲尔德大学世界顶尖的景观生态学家，还有高速公路建设一线的实践者。在研究过程中，不仅对本土及适宜物种进行精心筛选，而且还建立了实验基地，通过理论研究和实地调查的紧密结合，探索形成独具特色的景观生态廊道理论体系和实践路径。

本书的研究成果是基于对辽宁高速公路景观生态廊道的长期深入研究而形成的。本书以国际化视野、专业化视角，全面审视分析了目前我国城乡发展面临的生态问题，及其与城乡绿化体系和生态体系之间的关系，依据"多规合一"思想，结合辽宁实际，研究形成了高速公路生态景观廊道化建设的理论与技术成果。本书鲜明特点：①理论上有创新。引进世界先进的景观生态理论和植物群落技术，研究提出了高速公路景观生态廊道化建设的具体解决方案，有力推动了区域环境由注重景观效果向注重生态效应的转变。②实践上有突破。根据辽宁高速公路路域环境差异，深入山区林地精选出适宜生长的植物种群，并进行有机组合，因地制宜地提出了有针对性的景观生态改善策略和设计模式，较好地实现了绿化景观的本土地域性、生态多样性和文化艺术性。③应用上有前景。此项研究成果在辽宁高速公路和城市景观中均有所应用，并取得了良好效果。实践证明，其不仅对高速公路生态景观改善有重要指导意义，而且对城市建设乃至其他领域的生态建设也有重要促进作用和参考借鉴价值。这些理念和技术有着非常广阔的应用前景，如果在我国得到推广，将是城乡生态环境建设的一场革命。可以说，这是一部在理论和实践相结合方面具有示范性、引领性的著作，这是一部在理论创新和技术推广应用方面具有较强针对性、指导性和可操作性的著作，这是一部较高含金量，具有催生景观生态领域大变革、大发展意义的著作。

《辽宁高速公路景观生态廊道化研究》一书，既是一部高雅之作，又带着泥土的芬芳。本书给我们带来的，不仅有前沿的理论和技术，而且还有更多的思考和启迪。我真诚地希望：①要多宣传、多交流。把此项研究成果更多更好地向全社会广泛宣传和推介，并与国内外专家学者交流互鉴，不断扩大这一成果的社会知晓度和影响力。②要多研究、多探索。真理的探索永无止境。此项研究成果和其他研究成果一样，难免有不成熟、不完善之处，期待相关领域的专家和建设者不断研究探索，使这一成果在实践中得到进一步巩固、丰富和发展。③要多实践、多应用。此项研究成果具有较强的理论性、技术性、实用性，希望这一成果能够在更多的领域、更广的范围推广应用、开花结果，在贯彻新发展理念、推进生态文明建设上发挥更大的作用。

中共辽宁省委常委、秘书长　刘焕鑫
2018年8月5日

目 录

序

第1章 绪论 ·· 001
    1.1 生态文明新篇章 ··· 002
        1.1.1 研究背景 ··· 002
        1.1.2 研究目的与意义 ··· 002
        1.1.3 主要研究内容 ·· 003
    1.2 国内外相关研究及应用 ··· 004
        1.2.1 国外公路廊道研究进展 ··· 004
        1.2.2 国内公路廊道研究进展 ··· 006
        1.2.3 高速公路景观廊道应用案例 ··· 008
    1.3 区域统筹下的公路廊道探索 ·· 009
        1.3.1 高速公路建设对生态系统的负影响 ·· 011
        1.3.2 生态恢复与优化及路界生态系统 ··· 013
        1.3.3 高速公路景观生态廊道化可能性探索 ··· 015

第2章 景观生态廊道在相关研究领域概述 ·· 017
    2.1 景观生态廊道在景观生态学领域研究 ·· 018
        2.1.1 格局—过程—尺度 ··· 018
        2.1.2 斑块—廊道—基质模式 ··· 019
        2.1.3 影响景观格局形成的主要因素 ·· 024
    2.2 景观生态廊道在生物保护领域研究 ··· 024
        2.2.1 生物多样性概念 ··· 025
        2.2.2 生态廊道生物多样性生态服务功能 ·· 028
        2.2.3 景观生态廊道威胁生物多样性的因素 ··· 029
        2.2.4 景观生态廊道生物多样性保护 ·· 031
    2.3 景观生态廊道在植物生态学领域研究 ··· 035
        2.3.1 景观生态廊道植物群落的最小面积 ·· 035
        2.3.2 群落的垂直与水平结构 ··· 036
        2.3.3 植物群落的个体分类 ·· 040

第3章 辽宁地区植被特征情况 ··· 047
    3.1 辽宁地区植被特征概况 ··· 048
    3.2 适合辽宁省高速公路的多年生草本植物培育研究 ······································ 049

第4章 辽宁高速公路发展情况 ········· 051
4.1 我国高速公路发展概述 ········· 052
4.2 国内外相关领域研究现状 ········· 053
4.2.1 国外研究现状 ········· 053
4.2.2 国内研究现状 ········· 055
4.2.3 辽宁省研究现状 ········· 059
4.3 辽宁省高速公路沿线景观概况 ········· 061
4.3.1 京哈高速公路 ········· 061
4.3.2 沈海高速公路 ········· 062
4.3.3 沈吉高速公路 ········· 063
4.3.4 长深高速公路 ········· 064
4.3.5 丹锡高速公路 ········· 065
4.3.6 锦阜高速公路 ········· 066
4.3.7 辽中环线高速公路 ········· 066
4.3.8 鹤大高速公路 ········· 067
4.3.9 丹阜高速公路 ········· 069

第5章 辽宁高速公路生态景观廊道控制体系 ········· 071
5.1 辽宁植被区划 ········· 072
5.1.1 辽宁西北山地温带半湿润半干旱地区 ········· 072
5.1.2 辽宁中部辽河平原温带湿润地区 ········· 073
5.1.3 辽宁南部半岛暖温带湿润地区 ········· 074
5.1.4 辽宁东部山地温带湿润地区 ········· 076
5.2 高速公路景观廊道架构 ········· 077
5.2.1 建立高速公路生态廊道的必要性 ········· 077
5.2.2 高速公路生态廊道涉及的关键因素 ········· 078
5.2.3 辽宁高速公路生态廊道 ········· 079

第6章 辽宁高速地方特色景观设计方法、评价指标及效益分析 ········· 085
6.1 辽宁省高速公路地方特色景观设计方法 ········· 086
6.1.1 高速公路特色景观 ········· 086
6.1.2 高速公路组成功能优化 ········· 090
6.1.3 高速公路人文内涵提升 ········· 096
6.2 辽宁省高速公路生态景观评价指标 ········· 101
6.2.1 相关概念阐述 ········· 101
6.2.2 高速公路生态景观评价指标体系的构建 ········· 101
6.2.3 高速公路不同结构部位生态景观评价标准制定研究 ········· 104
6.2.4 综合评价 ········· 110

6.3 辽宁省经济、环境效益分析 111
  6.3.1 经济效益分析 111
  6.3.2 环境效益分析 113

第7章 高速公路绿化景观相关技术实践与探索 117
7.1 降低高速公路绿化养护成本的设计方法 118
  7.1.1 高速公路绿化养护现状 118
  7.1.2 高速公路绿化养护成本构成及控制方式 119
  7.1.3 降低高速公路绿化养护成本的措施 121
  7.1.4 多年生草本植物群落的应用 122
7.2 适合辽宁省高速公路的多年生草本植物培育 125
  7.2.1 多年生本土草本植物鉴定、收集和萌发测试培育 125
  7.2.2 适合辽宁省栽培运用的多年生草本花卉名录 169

附件 适合辽宁省栽培运用的多年生草本花卉名录与景观效果较好有实验价值的种子名录 171

参考文献 201

第1章

绪论

1.1 生态文明新篇章

1.1.1 研究背景

近年来，随着我国城市、乡村等地的飞速发展，环境问题层出不穷，如区域气候变暖、严重污染空气的雾霾、城市洪水灾害，等等。生态文明作为我国实现美丽中国梦的建设目标，具有划时代的意义。生态文明的建设要求区域空间规划克服传统规划偏重于经济要素，而忽略社会、环境、生态等重要因素的弊端，同时又要兼顾传统经济发展规划提出的目标、土地利用规划划定的红线、城市总体规划提出的功能与定位。

生态环境保护规划虽然成为可持续发展的重要支撑，但当前生态环境保护多通过林地、水域等现状生态空间辨识，将其作为城市发展的禁建区予以辨识。虽然这些城乡范围内留存的生态空间对于生物保护具有重要意义，但在不同生态空间斑块之间存在着各种生态过程，而这些生态过程对于生态保护往往发挥关键性作用。如城市发展造成生境斑块的隔离而形成破碎化的景观格局，会阻碍生物在不同生境斑块间扩散的生态过程，进而威胁生物生存，不利于生物多样性保护。当前工作中，由于所确定保护成果缺乏对生态过程的辨识与评价，导致这些生态过程直接面临城市发展的干扰与威胁，并降低整个生态系统的稳定性。规划研究中，虽已有同时开展生态空间与生态过程保护的工作，但这些规划结果与当前我国城市发展的主要依据——土地利用规划、城市规划衔接不足，致使各类规划对于生态环境保护力度依然较弱。

高速公路生态廊道规划的主要问题之一就是研究如何减少高速公路对环境及资源的破坏，形成可持续发展的景观生态网络，提高群落生物的多样性。而辽宁地处寒区，生物多样性和生态系统本身相对脆弱，研究辽宁高速公路景观生态廊道的规划体系和植被应用，已成为一项重要而紧迫的课题。

1.1.2 研究目的与意义

高速公路的修建在解决人类交通运输问题的同时，不可避免地对沿线的生态环境造成一定的影响，如植被的破坏、水土的流失、土地的分割等。如何通过重建恢复高速公路植被，并形成可持续发展的生态廊道，建立绿色基础设施网络，对生态安全格局的形成具有重要意义。

生态廊道概念一旦进入公路领域则具体表现为公路规划设计和建设过程中的，自然、人文和道路有机结合，相互交融的生态设计方法论，倡导不以牺牲生态资源为代价进行开发和建设，考虑对人文和生态的影响，注重维护人与其赖以生存的自然生态相互融洽，遵循生态环境的规律，最终形成行车安全舒适，物流运输高效便利，景观美好和谐，保护生态环境可持续发展的公路建设模式。因此，从实际情况出发，探索实现协调发展的方法和对策，提出公路建设中生态环境保护的设计原则与要求，具有理论上的研究价值和深远的现实意义。

1.1.3 主要研究内容

生态保护空间规划中，除针对斑块结构的核心区保护以外，带状景观则是另一种主要的空间结构类型。当前研究与实践最为广泛的两类带状景观——生物廊道与水系缓冲带。生物廊道是维系生物在不同隔离生境斑块间自由扩散的带状景观结构，而基于最小费用模型模拟的功能性廊道越发得到重视及使用。最小费用模型考虑了生物在包含不同土地利用类型景观基质中扩散时的选择偏好与空间距离两个因子，对其扩散时所选择的路径进行模拟，进而作为生物廊道予以规划；水系缓冲带是分布于河滨两侧具有一定宽度的植被空间，具有富营养物质控制、过滤径流、改善水质、保护河岸等多种功能，而根据其发挥的功能不同，其宽度与植被结构有不同的要求。

结合核心区与生物廊道可以进行生物多样性保护的景观安全格局规划，在中、大尺度的生态保护空间格局规划中，虽然会考虑多功能的需求，但在空间上依然以网络化的结构为主。高速公路廊道途经不同类型的土地斑块，从而会影响和构建不同特征的生物廊道，因此本书主要从生物廊道的角度进行研究。主要内容为以下三方面：

1. 辽宁省高速公路景观廊道架构

通过景观生态学、群落生态学等相关理论的研究，总结辽宁省高速公路景观廊道的框架体系，对全省公路景观进行生态景观评估及植被类型调查，在掌握以及分析资料的基础上对路域景观进行生态廊道区划（包括廊道走向、控点、走廊的长度及宽度、特殊地质地段等），分析物种构成及分布特征，对路域生物群落进行修复，并做动态演替预测。

2．辽宁高速公路评价指标及效益分析

本文研究了辽宁高速公路景观的设计方法，在公路绿化美观的基础上予以提升。按照因地制宜、生态恢复、景观美学、展示文化、以人为本的路域景观设计原则，对路域景观设计要素（绿化系统、标识系统、人文景观系统）进行优化提升设计，对典型路段提出建议方案，突出路域景观设计的带状性、动态性、多元性。高速公路评价指标和效益分析相对复杂，研究根据调查、收集的结果数据进行分析，选择对高速公路景观评价有关键性影响的因素作为评价指标，确定评价参数时，应尽量选取国家标准或行业标准。根据咨询专家意见或根据其他公路景观评价中的评价指标，进行统计分析与权重分析，确定评价指标。

3．辽宁省高速公路应用多年生草本植物培育

要丰富高速公路系统的生物多样性，途径之一就是要增加其植物的多样性，形成合理的人工群落结构，使上层的乔木、中层的灌木、下层的草本花卉及地被植物相得益彰，人工群落和自然群落完美结合。研究辽宁省植被区划和分析植被特征以及多年生草本植物的基本属性，通过现场调研识别并采摘植物的种子进行繁育，为高速公路景观植物应用提供植物数据。

1.2 国内外相关研究及应用

1.2.1 国外公路廊道研究进展

20世纪60年代，道路建设引起的生态环境问题开始作为科学技术问题被给予正式关注。在欧美国家，环境启蒙运动使得人们开始关注道路建设对水土流失、水文效应的影响以及对野生动物生境的干扰，并逐步发展成系统的、规范的防控方案。20世纪70年代以后，欧美国家开始建造一些为了野生动物穿越公路的桥梁和涵洞。20世纪80年代以来，道路建设中的各种生态环境问题获

得普遍关注，尤其是景观生态学的兴起，推动了道路生态学从整体的角度着眼、从区域的层次着手解决问题的转变。2003年，美国著名景观生态学家、美国景观生态学之父、哈佛大学的Forman教授联合全美14位科学家撰写了国际上首部系统阐述道路生态学影响的专著《道路生态学——科学与解决方案》（*Road Ecology: Science and Solution*），标志着道路生态学的诞生（毛文碧等，2009）。

国外的交通行业向来重视道路沿线的生态环境和景观问题，一般在公路建设初期就综合考虑道路的生态影响，路域植被的生态功能和景观美化功能，道路同周边环境的协调功能等，从而使公路建设与自然环境最大程度地融为一体（杜智民，2009）。这些国家之中，以美国、德国、德国、加拿大、瑞典和日本最为典型。

美国从20世纪30、40年代开始就意识到保护生态环境的重要性，并逐渐尝试开展道路边坡的生态景观设计与恢复工作，在道路工程实践中提出很多道路生态景观的恢复与设计理论。Moorish R.H.和Harrison C.M.早在1943年和1944年就开展了公路两侧植草种草的试验。《美国佛罗里达州公路景观设计指南》对公路的综合规划、公路在不同区域的绿化种植标准、自然景观的保护、景观建设与公路设施的协调以及植物种的选择、配置、栽培、养护和管理等方面提出了详细的要求。同时，美国在公路建设中十分重视路域生态恢复以及人与自然的和谐统一。如遇到湿地被占用的问题时，一般都会采取补偿措施，即占用多少面积的湿地就在附近补偿等量或大于所占面积的湿地，以使湿地的生态功能不受影响。

德国自20世纪30年代开始，就十分注重路域生态景观的建设问题。汉斯洛伦茨博士在1970年完成了《公路线形与环境设计》一书，从多角度阐述了公路线形设计与自然景观的协调问题。德国的环境保护法则要求在设计阶段就要解决好沿线的生态和环保问题，尽量维护原有的地形地貌，避免路域植被和自然生态系统受干扰；对一些不可回避的影响采取适宜的生态补偿措施，如考虑受损景观的特征及其多样性，以恢复近自然的路域景观；营造新的植物群落，提高原有群落的生态功能；在交通量大的联邦道路上，路面汇集的雨水流入河道前首先进入沉淀池净化；为使道路建设对自然环境的影响最小，在保护价值高的地段建设生态桥。

加拿大在道路建设中充分体现"尊重自然、恢复自然"的理念。在公路设计过程中，工作者努力降低公路对自然生态景观的干扰和破坏，例如，在施工前先保护或预留树木生长所在空间，在动物经常出没的地段建设动物通道从而避免对动物栖息地的分割，公路线形设计基本按照原地貌的走势，避免高填和深挖。同时，加拿大政府采取一切措施，尽快地恢复原来的自然植物群落，避免人工痕迹，使路域植被与周围环境融为一体。

瑞典从20世纪70年代末开始关注公路噪声等环境影响问题，并综合考虑和实施公路环保措施。瑞典国家公路局非常注重环保，在公路规划与设计、工程项目的施工以及建成后的运营与管理养护等阶段都采取相应的环保措施，如在设计阶段根据不同的情况采取避免、代替、减缓等措施，在施工阶段采取防护、恢复、补偿等措施，使公路对周围环境的影响降低到最低。

日本在路域生态技术研发方面做了大量的工作，在道路坡面植被恢复与绿化技术、利用道路两侧空间创建生物栖息地等方面积累了丰富的经验。日本道路绿化基于生态恢复和重建的理念，其根本思想是尊重自然和以人为本。为促进路域生态建设，日本于1992年成立了专门委员会，由昆虫类、鸟类、鱼类、植被等方面的专家以及政府、道路建设集团共同组成，其主要职责就是研究路域沿线的生态现状，提出道路生态建设的建议，最大程度地减少破坏，最大程度地恢复自然。近几十年内，国土从荒废到绿化的历史过程中，日本生态恢复的理论和技术得到了不断的发展并日益成熟，成为全球生态景观恢复和绿化设计的典范（养父志乃夫，2009）。

从世界范围来看，减少公路建设对生态环境的影响、破坏后生态环境的恢复以及景观再造技术已成为道路生态学和风景园林学亟需探讨的核心技术，这需要道路管理部门和国土资源管理部门的统筹安排与协调。总体而言，国外擅长于道路生态景观的大尺度研究，小尺度的研究虽然非常精致，但不够系统，缺乏小尺度自身的生态过程、生态格局、生态问题的研究以及不同尺度之间相互转换问题的研究。

1.2.2 国内公路廊道研究进展

我国的道路生态学的发展源自交通环境保护工作。1987年交通部发布了《交通建设项目环境保护管理办法（试行）》，从此公路建设项目的环境影响评价工作正式启动，公路交通环保工作稳步发展。初期的环保研究多是围绕各种污染，如空气、水、声等指标的测定，而对动植物、生态系统、景观等研究则比较落后。20世纪90年代，国内一些学者开始对边坡绿化进行研究，从此公路环保的科研和工程研究主要集中于公路的绿化方面。21世纪，我国道路生态的科研者和建设者开始把研究范围扩展到路域范围内的各种污染、水土侵蚀、动植物影响、景观视觉影响等方面（毛文碧等，2009）。

由于建设理念和技术水平方面的不足，我国道路生态恢复技术研究起步较晚，设计手段处于比较低的水平，研究多集中在理论探讨和视觉景观布局的层次，全面系统的生态景观理论研究和实践探索并没有得到应有的重视。随着道路建设的迅猛发展，生态恢复和景观构建工作日益引起人们的关注。1998年，我国交通部制定颁布了《公路环境保护设计规范》JTJ/T 006—98，标志着我国交通行业开始注重道路的生态景观问题。同时，很多学者在生态景观方面做了大量的科研工作。如师利明提出基于GIS的公路环境影响综合评价方法，为公路的选线和方案对比提供了直观、科学的结论；张玉芬提出的公路沿线景观优化和生态恢复具有互补性，认为公路的路线选择及规划设计是减少公路对环境影响的重要环节（杜智民，2009）。

21世纪，我国的道路生态景观恢复工作取得了较快地发展。2003年，交通部与中国公路杂志社在成都主办了全国公路环保与景观技术研讨会，国内交通专家对生态景观的恢复进行了深入探讨。2004年，交通部在北京举办了交通可持续发展高层论坛，从此，公路生态景观研究已经在全国范围内步入一个崭新的发展阶段。就应用技术而言，目前我国虽然积累了一些宝贵经验，但总体上还处于探索和尝试阶段。沪宁高速公路、湖北宜黄公路、云南昆明曲靖高速公路、云南楚雄大理高速公路、大理保山高速公路、昆明玉溪高速公路、玉溪元江高速公路、广西钦州北海高速公路、陕西铜川黄陵高速公路、成都—雅安高速公路、海南环岛高速公路、青藏公路、川九公路等都开展了生态景观绿化工作，取得了良好的经济效益、生态效益和社会效益，对国内其他公路的生态建设具有良好的借鉴意义。但这些公路都穿越了先天优越的自然生态环境，其规划设计的重点在于对原有生态环境的保护；而对于原本生态环境矛盾突出的地区，道路的生态建设究竟要承担多少生态恢复作用，则显得无计可施，缺乏公路建设对生态环境质量影响和生态景观发挥生态功能的定量研究方法。

在道路对生态环境的影响及生态景观的生态服务功能方面，国内的研究学者对某项污染形式或者某项生态功能都有较为深入的研究，对不同污染形式及不同生态功能的综合研究则较为粗浅，缺乏不同因素之间的综合研究。而且，不同研究区域道路生态景观的结构不同，道路生态景观服务功能有较大区别，按统一的生态景观模式进行建设则缺乏说服力。目前，道路的生态景观建设缺乏一个能普遍适用的规划设计方法和控制性指标体系，并且缺乏不同景观区域导致的生态功能差异问题的探讨。正是由于国内学者对道路污染及生态服务功能的研究各有侧重，甚至较为深入，因而也就缺乏了宏观的考量与系统性的研究，不能科学地说明小尺度范围内道路生态景观应发挥的生态服务功能。

1.2.3 高速公路景观廊道应用案例

1. 美国内华达州1-15公路走廊

美国内华达州在大盆地之内，北与俄勒冈及爱达荷二州接壤，西与西南两方面与加利福尼亚州为邻，东南接亚利桑那州，东与犹他州接壤。西面受内华达山脉之阻，气候干旱，只有能灌溉的地方才有农牧业，是美国最干旱的地区。也是美国山脉最多的州之一，具有丰富的自然景观，由4个主要的生态区域组成，包括巨大的盆地、摩哈维族沙漠、哥伦比亚高原、锯齿山脊。1-15号公路沿线主要是盆地和摩哈维族沙漠。

美国内华达州1-15公路走廊整体的设计概念是把走廊带分成乡村和城市两个部分，在乡村未开发的区域，公路应该融入自然景观，通过自然的地形地貌、植物及土壤等元素来弱化公路的存在，避免公路与周围土地之间具有明显的分离，在城市公路景观段，公路是城市特征的重要组成部分，实际上我们对于城市地区的认识，往往受公路设计和它形态的影响，尊重临近社区环境和创造一个和谐统一的视觉环境，把公路系统成功地融入城市结构是非常关键的因素，公路在重要的位置可以成为焦点符号，在过渡边缘应与周围社区的环境协调。132英里（约212.43km）的公路网途经拉斯维加斯城，根据道路的走向和特点情况，又分为6个小的景观段，包括拉斯维加斯山谷入口段、城市背景段、华丽的度假酒店走廊、重新规划地段、城市工业背景段、保留完好的景观段。1-15号公路走廊带的软质景观元素规划强调使用当地的草种和植物材料，根据不同景观处理方式选择不同的植物，包括地面软景观、本地植物软景观、适应地区的软景观、地区装饰性软景观。硬质景观类型包括标准构筑物硬质景观、被强调的构筑物硬质景观、焦点构筑物硬质景观及地标构筑物硬质景观。

2. 法国A20高速公路景观廊道设计

高速公路建设在功能面前总要牺牲"美观"，在政治、技术和经济的论点面前，保留或者利用景观的观念常常缺少分量，扮演的仅仅是象征性的角色。

然而，尽管风景不过是业主考虑的众多因素之一，但是风景园林设计师在某种情况下，能够大大降低由纯技术设计的而产生负面影响，并参与到有益的、甚至是杰出的创造之中，正如法国A20高速公路景观廊道设计。

A20高速公路穿越的地域风景有喀斯山地，以及多尔多涅河（Dordogne）和洛河（Lot）河谷，投标方案提出在这些地方兴建一些大型横向连接坝。形成体系的连接有赖于原先的视觉要素：树篱、树林、小径、密林等，阿兰·普罗沃首要任务是

图1-1　A20高速公路与周边绿地斑块融合共生

重新审视工程师们绘制的所有填挖土方工程图，以便设计出造型非常优美的起伏地形，并在护坡上设置"连接坝"和植被覆盖的槽口，阿兰·普罗沃用一种接近大地艺术家的手法和尺度来处理高速公路与周围环境的关系（图1-1）。使高速公路融入周围环境，但是最初设计的连接坝被大量取消后，削弱初始设想的衔接效果。与传统的高速公路服务区相比，A20高速公路兴建了一些有吸引力并自成一体的花园，完全脱离高速公路的气氛，目的是使旅客停留更长时间。花园向周边敞开，既是附近居民的散步场所，又是供应饮食的场所或者由土地衍生出的旅游点。从布里夫（Brive）到蒙多邦（Montauban）的路段尤其成为一座里程碑式的设计，过去常常被爆破的岩石产生了犹如雕塑墙般的艺术效果。

1.3　区域统筹下的公路廊道探索

交通运输在人们生产生活中占据着中心位置，由于道路的多用途性、低可变成本和无限扩展性，促进了区域经济的发展，作为社会和经济发展的中枢，道路分布范围之广和发展速度之快，都是其他建设工程不能比拟的（宗跃光等，2003），同时，由于道路具有影响范围大，影响因素多及难以弥补和预测等特点，道路建设所产生的生态安全也受到了极大的关注。因此，人类的发展对道路强干扰廊道系统的需求与其对生态环境安全的影响是一对矛盾的综合

体。有研究表明，道路对生态系统的影响至少涉及全球陆地的15%～20%。20世纪90年代以来，中国公路建设已经进入高速发展的阶段，我国经济发展和国土开发整治的点轴战略布局使得道路建设所产生的生态效应越来越受到重视。作为典型的人为活动产物，道路对许多生态过程产生直接或间接的影响，其影响的尺度也从种群一直到景观（李月辉等，2003）。从主干道延伸并到达偏僻地区，道路建设及其带来的人类干扰，以前所未有的规模和速度改变着区域生态环境，进而产生了区域生态安全的问题。不同尺度上的生物入侵、生物多样性锐减和人为工程等对生态安全构成了威胁。脆弱敏感的岛屿背景中道路廊道系统的建设就更值得关注，尤其是在资源承载与发展需求极度矛盾的情况下，对道路这种强干扰廊道系统建设的生态控制理论与方法的研究需求尤为迫切。

道路与生态的统一在更大的尺度上强调经济效益、社会效益和环境效益统一综合最大化。落实在公路的规划、设计、施工、营运、管理各个阶段，着重研究将公路放在环境、资源、生态、人文等诸要素中，构建"公路—自然—经济—社会"复合系统，整体研究不同性质的生态环境系统与公路经济系统的有机整合，把对生态、环境、社会、技术、经济的研究置于同等重要的层面，并注意积极协调道路项目建设过程中遇到的各种关系和问题。公路建设受到地质、地形、水文等自然条件的制约，又受到现有生产力水平，生产工艺，生产工具等技术条件制约，还受到社会经济水平的制约，使公路建设不可避免地对沿线的生态环境造成一定的影响，如植被破坏，水土流失，土地分割等。道路生态学就是要求在现存条件下综合运用各种工程措施、生物措施、农艺措施、管理措施将公路建设的破坏限制在最小范围内，降低到最低。而对于已造成的破坏采取最大可能的恢复措施，重建新的生态系统，并对占用土地进行补偿。当前我国对建设项目引起的自然资源破坏（如侵占森林、草原、湿地等）通常采用经济补偿措施，这虽然可限制不合理的开发活动但却解决不了实质性的对生态的影响问题。欧洲国家普遍实行生态补偿政策，即在邻近侵占林地的地方营建同样的林地。这种方法值得我国在建设生态化公路中学习借鉴。

公路建设中，绿化是环境和景观对策的重要组成部分。它不但可以美化环境、净化空气、吸收噪声、改善行车条件，而且可以稳固路基、延长道路的使用寿命。其绿化范围主要包括：中央分隔带绿化，土路肩和边坡绿化，立交区和环岛、平面交叉区的绿化，隔离栅的绿化，桥梁、隧道、声屏障的绿化，服务区、收费站、管理区的绿化以及不良景观的掩饰绿化等。依据植物的生物学特性，考虑公路结构、地区性、种植后的管护等条件，决定绿化的物种。要求苗源容易获得，成活率高，发育良好；抗逆性强，可抵抗公害，病虫害少，便于管护；形态优美，花、枝、叶，季相景观丰富；不会成为附近农作物传播病虫害的中间媒介（例如在果树旁禁栽柏树类植物等）。

1.3.1 高速公路建设对生态系统的负影响

公路建设的环境影响，不仅是通车以后尾气、噪声的污染和对于社会环境的改变，还包括施工期对生态环境的重大改变和运营期的生态恢复。这一点已经越来越引起人们的重视。所谓生态环境，是在相对独立的范围内，各种生物以种群的形式，组成相互联系的群落，并且与周围的有机和无机的一切所组成的相互影响、相互联系的统一整体。其中包括能量、物质和信息的三种流动、循环。公路建设的环境影响，一般涉及生态环境中包括动物、植物（农作物）等的生物因子和包括土壤、水等的物理因子，有时也将大气和噪声等另立专题研究。不同于以污染物排放和控制为主的项目，公路是线形的开发项目，生态影响强烈而深远，涉及水土、动、植物甚至微气候等，开发破坏和保护恢复这一对矛盾是主要矛盾。这种影响不是孤立的，应该注意，对于某些个体或者种群的影响往往进一步影响到群落和生态系统。自然生态系统，是指不受或少受人类活动影响的生物因子（动物、植物、微生物等）和物理因子（水、土、气等）组成的系统。公路建设遇到的自然生态系统一般包括戈壁、沙漠、沼泽、草原、原始森林、江河湖海等。一些以生态效益为主的人工封育的林场、自然公园、保护区等，也在此列。公路建设影响的对象是一些敏感的生物（野生动物、植物）和物理因子（地貌、河道、岸线、水质、土质、气质等）。

敏感物种在周围环境改变时的数量、分布等改变，可能引起整个系统的连锁变化。施工场地植被的清除，可能在丛林间开辟一条通道，破坏了原来天然森林着生地段生境的连续性和整体性，会导致林中水、热、气的重新分布，改变群落的外部边界环境，通过与群落内生物因子的相互作用，引起近路侧群落向干旱型演替。动物需要较大的生活空间、领地，种群内个体维持基本数量、区域内种群维持基本数量，才能保证可能杂交的优良种质，延续这一物种。公路的建设，会使本地区的生态环境变化，一些有特殊要求的物种种群更向偏僻处或者其他地区迁移。还有，使大型动物的活动区域缩小，被重新划分。其结果可能使种群变小，种群之间交流减少。国外一些公路保留了下穿的"兽道"，或者当公路两侧连续的自然环境具有特殊的生态意义时，耗资宏大建设上跨的、十分自然化的"绿桥",目的都在于为动物的觅食等提供条件,同时保证了种群之间的联系,保证物种生生不息。

根据对辽宁某9m宽、沥青路面的山区公路沿线的调查研究,路侧马尾松林明显稀少,林下出现了一些旱生的先锋植被种类,如菊科、禾本科等,草本层优势种群很明显;而在较远的林中,林下腐殖质深厚,以蕨类、葛藤等阴生植物为主,种类多,优势种不明显。栖境和食物变化,动物相也随之变化。路侧活动性强的昆虫增多;林中小路偶尔看见鹿,公路上却从未见过。调研中还了解到,原来的一些"兽道"被公路切断。城市型动物占据路侧的生态位,例如麻雀经常见到,喜鹊也在行道树的枝头筑巢。日本名神高速公路通过富士山地区,1964年施工时,山体植被遭受到很大破坏,靠山的一面由于防护工程的需要,几百米高的山坡,几乎全部裸露。15年后,山体植被大致恢复原貌。我国青藏公路20世纪50年代修建,沿线生态系统十分脆弱,至今难以恢复。

山区公路倾入溪谷的废渣,占据了动物的栖息和繁殖场所,使其不能取食、产卵,幼体不能发育。水生动物种类减少,例如昆虫中双翅目、蜉蝣目等用鳃呼吸的清水型的物种减少或消失。浑浊也阻碍了藻类生长和其他植物的光合作用。河道经过冲刷等自然过程,底质踩石化或泥沙化,群落的回复率在各种环境下不尽相同,甚至一些影响是不可逆的。还必须看到,许多生物对于公路的反应是一个长期的过程,由于研究不尽详细,人们还没有认识到。特别是生态脆弱区,例如湿地、甚至戈壁等,这里物种原始、生态系统建立十分漫长、种质来源少,一旦破坏,其影响以后表现出来之时,将使人们后悔莫及。

水土流失的不良影响,主要集中在施工和运营初期。影响到坡面、河道和河谷对平丘地形,山圆坡缓,顶部风化岩石裸露,直接的淋溶使土壤有机质含量低,黏粒少,结持力弱。水土流失的直接起因是植被的破坏。据研究,平均$10km^2$森林每年可储水20000~50000t。在公路修建后留下的裸地,雨水不是变成地下泉水,而是形成地表径流流失。暴露的工作面还会使植被更难以生长,这类问题在原来植被覆盖度就很低的北方山区,更具有突出。这类环境中,工作暴露面和取、弃土场是水土流失的主要发生源。当植被覆盖了暴露面之后,流失过程趋于稳定。在南方,一般光、湿、热状况较好,植被恢复相对较快。

山区土石方运输不便,坡面和隧道的多余土石方往往就近弃入山谷,导致一些过水通道被阻塞,季节性的山洪需要另取出路,引起新的水土流失。因此,弃土场尽量选择在谷地的一翼,不要占用原来的水道。在弃土场要修砌挡墙,避免水土流失面积可能从工作面进一步扩大。河南某公路的一段修建在山腰，修路时破坏了上部植被，坡面裸露。在雨季坡面上的汇水携带土石经常将路基侵蚀，小雨时淤积涵洞，暴雨时洪水挟带土石通过涵洞，冲垮下面的护坡，造成新的水土流失。再有一种情况，坡面被过度开垦，原来的植被农作物替代，一年中收获后直到播种前，相当长的时期没有有效的植被保护，导致不良环境对于公路的负影响。至于公路边坡的土壤侵蚀，一般看作是建设期的暂时行为，在以后的养护中，还要将其恢复到坡面上，所以通常不认为是区域性的水土流失。一些山区公路，尤其是沿溪线开辟时，难免有部分废渣倾入溪谷，造成暂时性的水流改道、水质透明度下降、生化耗氧量（BOD）升高、pH值变化等直接影响。溶解氧在一般溪流中是饱和的，饱和度大于80%。而工程废水中污染物的化学耗氧过程，造成水中氧气含量可能在短时间内饱和度降至10%以下。对农业的负影响，以公路用地和农业用地的矛盾最为突出。例如高速公路的路面、路基、边坡、排水沟和隔离带，整个征地宽度为50～70m。每千米占用的5～7hm^{2}土地，将永远失去农业种植功能。经过果林和其他经济作物用地时，对人们经济收入的影响更加突出。这是目前人们反映强烈的主要问题之一。

汽车尾气中的铅，是普遍关心的公路特征污染物。铅尘飘落在路侧土壤中，会较长时间残留。但据我国南北各地近30条现有公路的监测，路侧土壤含铅量并无明显增加，而且比建议的土壤铅环境质量标准低得多。究其原因，我国多是小交通量的低等级公路，20世纪80年代以前较少使用含铅较多的高标号汽油，因此历年铅的积累总量很小，污染不明显。而国外日交通量大于5万辆的高速公路路侧，据报道污染可达3000mg/kg，而且污染程度和距离有一定的相关性。所以，不能忽视我国新建高等级公路潜在的铅污染可能性。路侧的作物一般没有明显地受到汽车尾气的污染。车辆排放的NOx浓度不会高到对敏感作物产生影响的地步。当然扬尘蒙在叶面也会阻碍光合作用，影响产量和产品的品质。公路在平丘区与相当多的农灌系统相互交叉。需要保留和预留足够的涵孔，同时尽量不改变灌溉渠的走向。虽然这会出现灌渠与公路斜交的情况，给设计和施工增加难度，但它减少了对于灌溉的不利影响。

1.3.2 生态恢复与优化及路界生态系统

自然界的生态系统在各自的气候、地理和历史条件下，经过千百年的演变，达到顶级群落，此时系统的投入和产出平衡，具有一定的抗逆能力，在相当长的时段内稳定。人工生态统的建立则缩短了这个过程，系统不需经常维护，达到产出较大（农作物、经济林等），或者长期稳定（水源涵养林、防护林等）的目的。

公路建成以后，需要将被恶化的生态系统恢复到原来的自然平衡状态。而建设行为引起的环境变化，往往使完全恢复变得不切实际，这时需要建立新的群落，达到新的生态平衡。自然的演替过程十分漫长，为尽快达到顶级群落，需要人们在建设时定向设计。以控制污染、美化环境、恢复和优化生态系统为目的，突出工程行为对于资源的充分利用，形成内部生产过程与生态效益的优化组合，使生产过程生态化、生态效益工程化，目前农业生态工程已有很多经验。公路建设中的生态工程设计，应该突出恢复与优化这两方面的内涵。公路在山区建设，可以成为一项水土保持的有益工程。沿溪线靠山体一侧的进行加固，阻止了坡面土石经常性地流入溪流；在溪边一侧的路基和挡墙，又形成了护岸，约束了由于河道的摆动而造成的洪水泛滥、山坡失稳等环境问题。山腰线像一条沿着等高线修建的缓冲阶地，将一泻而下的洪水分成为上下两部分，有利于进一步的水土治理。

高等级公路建设中，绿化是环境和景观对策的重要组成部分。公路绿化美化的总设想是，要创造一条绿色通道，各个路段分别具有特色和不同的感染力，与公路工程相互协调，返璞归真，同时保护周围环境。绿化带突出防治污染的作用。植被可以隔离汽车尾气和公路飘尘等大气污染物。10m宽、1000m长的红松树林，1h可以吸收850～1700g一氧化碳，相当于300～600辆汽车的小时排放量；铅尘经过阻挡和吸附，在土壤中的累积浓度也会减少；噪声通过绿化带可以有效地减轻。一般1m宽的绿化带可以减噪1dB，50m宽的阔叶林带可以减噪10dB以上。绿化还可以调节和改善地区小气候。它具有降低气温、缓和日照辐射、防止风沙等作用，并通过绿化将边坡等构造物与自然景观衔接起来。高等级公路用地范围内的生态设计，横断面应由低矮的草本、稍高的灌丛和高大的乔木（有时也可分层）组成立体的三维配置。其中在近路缘行车平面上，一般不种植高大的乔木，因为行车时速高，高大行道树的明暗眩光和路面阴影会分散司机的注意力；落叶还会降低路面的防滑性能；深深的根系甚至会破坏路基。因此这里宜采用低矮灌木的形式，将乔木植于边坡以外。

稳定的边坡必须经受降水、地下水、渗透、冻融、风蚀等反复作用，与动植物组成系统，经较长时间才能形成。公路边坡应该在工程设施的基础上，从植物系统的建立入手，尽快达到稳定状态。据认为雨滴的溅落是造成自然斜面水土流失的主要原因。植被匍面的枝叶和根系避免了冲沟的形成，可以保护裸露的土体，有效地控制水土流失，减少工程反复维护的工作量。边坡适宜种植灌木和根系宽广、枝叶茂密的草皮。

在纵向长距离的线形地域，中央分隔带、边坡灌、草以及护坡道的灌乔木。由于品种、间距有所不同，突出美感和韵律感，呈现单元性的节奏变化。中央分隔带是较早进行植物绿化的工程。宜用1.4m左右的常绿灌木，从而防止车灯眩光，美化边缘。在立交区域，要求重视视线诱导和景观效果。这里匝道环形场地和立体绿化有机地将绿化美化相结合，是线形地域中强调的景观重点。标明公路地界的金属隔离栅总令人有封闭的感觉。可以种植竹丛、野蔷薇，结合攀缘植物立体绿化掩蔽，使之成为具有景观、标志、抗污染等效果的植物墙。服务区和停车场是主要的休息设施，以达到调节心情、充分休息的目的。可以参考公园和庭院的园林设计，花树结合，乔、灌、草相结合，协调周围景观。

单调因子组成的系统，往往在外界条件变化时难以经受。大面积单一品种的作物或者纯林，就特别容易引发病虫数量的大规模增长。而公路绿化的植物，在繁育本地区物种的同时，引进了适合本地区气候条件、适合路侧环境的新物种使本地区生物多样性组成发生变化，并且在光、湿、热条件变化的综合作用下，引起生物群落的改观，增加了系统的抗逆性。该生态系统，不同于周围农田环境使害虫的天敌在没有农作物和害虫的季节里仍有生存之地，避免了数量周期性的剧烈增减，可以更好地控制病虫害，减少农药的用量，保护环境。我国经济高速发展时期，开发和保护的矛盾远未解决，人们在许多地方的建设导致了其生态系统十分脆弱。

1.3.3 高速公路景观生态廊道化可能性探索

从生态学的角度来看，公路是人类建立起来的人工生态系统，它与自然生态间的界面不同于我们常说的农牧交错带等自然与自然的过渡，它是对原有自然生态系统的入侵，形成了以交通运输为主体的新生态系统。它是一个开放的不完整的生态系统，生物因子主要由消费者构成，非生物环境也主要是由人类为了满足自身需要而建造的人工构造物所组成，这样的系统是不能自维持的，它只有依靠从其他系统输入能，才能维持其自身的运行（Fredrick J.Swanson，2001）。经过长期的生态演替处于顶级群落的自然生态系统中，其系统内的生物与生物、生物与环境之间处于相对平衡状态，整个生态系统中没有废物和污染产生。道路生态系统作为一个以消费为主的人工生态系统，如果按传统的发展模式，单纯考虑公路对人类运输需求的满足，则它的发展方向是反自然、高投入与开放的，并且以现在的科技能力和人类的意识形态，人工生态系统所产生的环境问题如对非生物资源的消耗，物质循环的不完全性、系统的开放性与不稳定性是不可避免的。公路生态学要强调的是公路的生态学性质，并不是要求也不可能要求公路向健康的自然生态系统那样能够自维持稳定性，而是以生态学的理论来审视和指导公路的生态化发展，注重其在现有条件下最大生态化的实现。

正向效应的廊道设计是保护孤立的自然区保护的良好途径，通过廊道连接，可以促进基因交换和物种迁移，给缺乏空间扩散能力的物种提供一个连续的栖息地网络，为物种重新迁入和乡土物种生存提供机会（Merriam, 1991）。正向效应的廊道设计中要预防其负效应的发生，因为它既是目标物种的扩散通道，也是非目标入侵种的通道，有可能对乡土物种构成危害，从而会加速一些疾病、外来种的扩散。在生态廊道的具体规划中，应充分调查分析，通过动态演替预测等方法来控制建立健康和谐的廊道体系，使廊道更好地为目标物种服务，提高生物多样性，恢复生物生境。

第2章

景观生态廊道在相关
研究领域概述

2.1 景观生态廊道在景观生态学领域研究

景观生态学（Landscape Ecology）是研究在一个相当大的区域内，由许多不同生态系统所组成的整体（即景观）的空间结构、相互作用、协调功能及动态变化的一门学科领域。景观生态学以生态学理论框架为依托，研究景观和区域尺度的景观格局和环境管理问题。景观格局通常是指景观的空间结构特征，广义地讲，它包括景观组成单元的多样性和空间配置。

景观生态廊道是景观生态格局重要的空间组成部分，它的结构特征和变化影响整个生态学过程。美国保护管理协会（Conservation Management Institute, USA）从生物保护的角度出发，将生态廊道定义为"供野生动物使用的狭带状植被，通常能促进两地间生物因素的运动"。在宏观的区域层面，景观生态廊道作为线性生物生境绿廊与生态格局中的斑块、基质有机连接，共同影响生态学过程；在中观的城市形态结构和外部环境层面，景观生态廊道作为带状斑块有秩序地形成城市绿地系统；在微观的空间要素层面，景观生态廊道作为基质形成城市机理，满足各类空间要素的布局。景观生态廊道在景观生态格局的大小尺度中，均有其特殊的特征和功能作用，影响生态格局的形成和生态系统，因此，在景观生态格局领域研究景观生态廊道具有重要意义。我们需要从景观生态格局的格局—过程—尺度以及斑块—廊道—基质模式等方面进行研究。

2.1.1 格局—过程—尺度

景观生态廊道的格局与过程往往相互联系，我们可以通过研究空间格局来更好地理解生态学过程。因为结构一般比功能容易研究，如果可以建立两者间的可靠关系，那么，在实际应用中格局的特征可用来推测过程的特征（如利用景观格局特征进行生态监测和评价）。景观生态学中格局（Pattern）是指空间格局，它包括景观组成单元的类型、数目以及空间分布与配置。例如，不同类型的斑块可在空间上呈随机型、均匀型或聚集型分布，道路廊道与多种类型的斑块（农田、公园、湖泊等）相互镶嵌，如图2-1所示。程度以及详细格局特征可通过一系列数量方法进行研究。过程强调事件或现象的发生、发展的动态

图2-1 云南某城市道路廊道与斑块、基质相互镶嵌的照片

特征。景观生态学常常涉及多种生态学过程，其中包括：种群动态、种子或生物体的传播、捕食者—猎物相互作用、群落演替、干扰传播、物质循环、能量流动等等。尺度（Scale）从广义的讲是指在研究某一物体或现象时所采用的空间或时间单位，同时又可指某一现象或过程在空间和时间上所涉及的范围和发生的频率。尺度可分为空间尺度和时间尺度。在生态学中，大尺度是指大空间范围或时间幅度，往往对应与小比例尺、低分辨率；而小尺度则常指小空间范围或短时间，往往对应于大比例尺、高分辨率。

2.1.2 斑块—廊道—基质模式

Forman和Godron（1981，1986）在观察和比较各种不同景观的基础上，认为组成景观的结构单元不外乎三种：斑块（Patch）、廊道（Corridor）和基质（Matrix）如图2-2所示。斑块泛指与周围环境在外貌或性质上不同，并具有一定内部均质性的空间单元。这种所谓的内部均质性，是相对于其周围环境而言的。具体地讲，斑块可以是植物群落、湖泊、草原、农田或居民区等。因此，不同类型斑块的大小、形状、边界以及内部均质程度都会表现出很大的不同。廊道包括农田间的防风林带、河流、道路、峡谷及输电线路等。基质则是指景观中分布最广、连续性最大的背景结构。基质具有三个特点：①相对面积

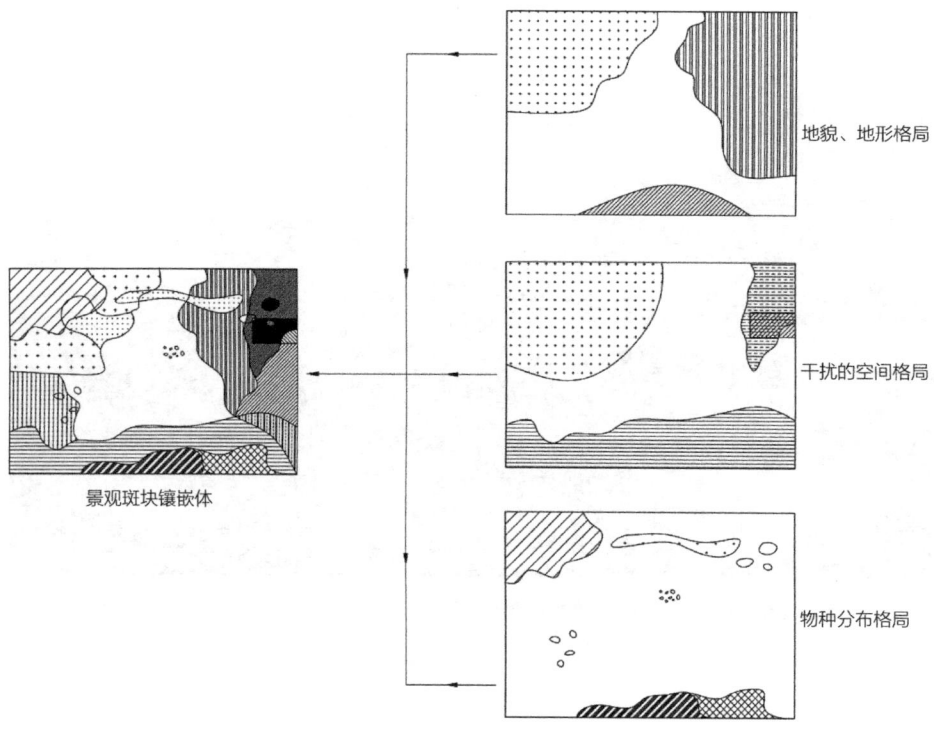

图2-2 景观结构单元镶嵌图
(作者根据邬建国的《景观生态学》整理)

比景观中的其他要素大;②在景观中的连接度最高;③在景观动态中起重要的作用。常见的有森林基质、草原基质、农田基质和城市用地基质等等。必须指出,在实际研究中,要确切地区分斑块、廊道和基质有时是很困难的,也是不必要的。因为景观结构单元的划分总是与观察尺度相联系,所以斑块、廊道和基底的区分往往是相对的。

斑块—廊道—基底模式是基于岛屿生物地理学和群落斑块动态研究之上形成和发展起来的。它为具体而形象地描述景观结构、功能和动态提供了一种"空间语言"。此外,这一模式还有利于我们考察景观结构和功能之间的相互关系,便于比较它们在时间上的变化。

1. 斑块的结构和功能特征

1)种—面积关系和岛屿生物地理学理论

斑块面积的大小、形状以及数目对生物多样性和各种生态学过程都会有影响。基于岛屿生物地理学理论,物种丰富度与景观特征的一般关系可表达为:

物种丰富度(或种数)=f(生境多样性、干扰、斑块面积、演替阶段、基

底特征、斑块隔离程度）

一般而言，物种多样性随斑块面积的增加而增加。但是，除面积以外的景观特征对物种多样性也是很重要的。理论分析和野外数据都表明在某些情况下几个小保护区比一个大保护区具有更多的物种。多个小保护区往往具有如下优越性：增加景观生境异质性，降低种内和种间竞争，减少某些疾病、干扰和外来种的传播，以及给边缘种提供更多的生境。因此，尽管几个小保护区能够拥有更多物种，大多可能是边缘种而已。

在现实景观中，各种大小的斑块往往同时存在，具有不同的生态学功能。Forman（1995）对大斑块和小斑块的生态学价值做了一个简要总结。大斑块对地下蓄水层和湖泊的水质有保护作用，有利于生境敏感种的生存，为大型脊椎动物提供核心生境和躲避所，为景观中其他组成部分提供种源，能维持更近乎自然的生态干扰体系，在环境变化的情况下，对物种绝灭过程有缓冲作用。小斑块亦有重要生态作用，可以作为物种传播以及物种局部绝灭后重新定居的生境和"脚踏石"，从而增加了景观的连接度，为许多边缘种、小型生物类群以及一些稀有种提供生境。显然，大生境斑块对保护许多对生境破碎化敏感的物种极为重要，但若要理解整个景观镶嵌体的结构和功能，大小斑块及其相互关系都需考虑。

2）边缘效应

边缘效应是指斑块边缘部分由于受外围影响而表现出与斑块中心部分不同的生态学特征的现象。斑块中心部分在气象条件（如阳光、温度、湿度、风速）、物种的组成以及生物地球化学循环方面，都可能与其边缘部分不同。许多研究表明，斑块周界部分常常具有较高的物种丰富度和初级生产力。有些物种需要较稳定的环境条件，往往集中分布在斑块中心部分（核心区），故称为内部种，而另一些物种适应多变的或阳光充足的环境条件，主要分布在斑块边缘部分，称为边缘种。也有许多物种的分布是介乎于这两者之间的。生境斑块是否具有较稳定的内部环境，对于许多生境破碎化敏感种来说是很重要的。斑块总面积、核心区面积以及边缘面积之间存在一定的数量关系。一般而言，当生境斑块面积增加时，核心区面积比边缘面积增加的要快；同样，当生境斑块面积减小时，核心区面积则比边缘面积减小得要快。

3）斑块结构与生态系统过程

生态系统的生产力、养分循环和收支平衡特征都会受到斑块大小及有关结构特征的影响。斑块边缘常常是风蚀或水土流失的引发或加剧严重程度之处。

一般而言，斑块越小，越易受到外围环境或基底中各种干扰的影响。而这些影响的大小不仅与斑块的面积有关，同时也与斑块的形状及其边界特征有关。高速公路这种线性廊道与多种复杂的斑块相结合，不同区域、不同路段的高速公路所经过的斑块形状特征不同，在研究和分析时应因地制宜。

4）斑块形状及其生态学效应

自然界中，斑块的形状是多种多样的。一般地讲，自然过程造成的斑块（如自然生态系统）常表现出不规则的复杂形状，而人为斑块（如农田、居民区、城市等）往往表现出较规则的几何形状。斑块形状和特点可以用长宽比、周界—面积比等方法来描述。例如，斑块长宽比或周界面积比越接近方形或圆形的值，其形状就越"紧密"。根据形状和功能的一般性原理，紧密型形状在单位面积中的边缘比例小，越有利于保蓄能量、养分和生物；而松散型其形状（如长宽比很大或边界蜿蜒多曲折）易于促进斑块内部与外界环境的相互作用，尤其是能量、物质和生物方面的交换。一般来说，只有大型的自然植被斑块才有可能涵养水源、连接河流水系和维持林中物种（Interior Species）的安全和健康，庇护大型动物并使它们保持一定的种群数量，而且可以允许自然干扰（如火灾、瘟疫）的交替发生。总体来说，大型斑块可以比小型斑块承载更多的物种，特别是一些特有物种可能在大型斑块的核心区存在。对某一物种而言，大斑块更有能力持续和保存基因的多样性。而小型斑块则不利于物种的生存，不利于物种多样性的保护，虽然不能维持大型动物的延续但小斑块可能成为某物种逃避天敌的避难所。因为小斑块的资源有限，不足以吸引某些大型捕食动物，从而使某些小型物种幸免于难。

2．廊道的结构和功能特征

廊道是指具有通道或屏障功能的线状或带状的景观要素，它是联系孤立斑块之间以及斑块与种源之间的线性结构。廊道根据其生态系统类型可分为森林廊道、河流廊道、道路廊道等。廊道类型的多样性反映了其结构和功能的多样性。一般认为廊道有利于物种的空间运动和本来是孤立的斑块内物种的生存和延续，但廊道本身又可能是一种危险的景观结构，因为它也可以引导天敌进入本来是安全的庇护所，给某些残遗物种带来灭顶之灾。例如，高速公路和高压线路对人类生产和生活来说是重要的运输通道，但对其他生物来说则可能是危险的障碍。廊道的重要结构特征包括：宽度、组成内容、内部环境、形状、连续性及其与周围斑块或基底的相互关系。

廊道的主要功能可以归纳为下列四类：①生境（如河边生态系统、植被条带）；②传输通道（如植物传播体、动物以及其他物质随植被或河流廊道在景观中的运动）；③过滤和阻抑作用（如道路、防风林道及其他植被廊道对能量、物质和生物个体流在穿越时的阻截作用）；④作为能量、物质和生物的源（Source）或汇（Sink：如农田中的森林廊道，一方面具有较高的生物量和若干野生动植物种群，为景观中其他组分起到源的作用，而另一方面也可阻截和吸收来自周围农田水土流失的养分和其他物质，从而起到汇的作用）。

3. 网络与基质的结构和功能特征

在景观中，廊道常常相互交叉成网络（Network）使廊道与斑块和基质的相互作用复杂化。网络具有一些独特的结构特点，如网络密度（Network Density，即单位面积的廊道数量）、网络连接度（Network Connectivity，即廊道相互之间的连接程度）以及网络闭合性（Network Circuitry，即网络中廊道形成闭合回路的程度）。基质是相对面积大于景观中斑块的景观要素，它是景观中最具连续性的部分，往往形成网络的背景。网络的功能与廊道相似，但与基质的作用更加广泛和密切。在一个农业景观中，既有由各种道路组成的网络，又有由许多纵横交错的防风林带组成的网络，这些网络在结构上可能有相似之处，并都与农业用地这一基底密切联系，功能却迥然不同。因此，廊道或其网络的功能要根据其组成和结构特征以及与所在景观的基质和斑块的相互关系来确定。

如何区别斑块、廊道和基质呢？一般而言，基质是景观中出现最广泛的部分。如农业景观中的大片农田是基质，而各种廊道和斑块（如居民区、残留自然植被片段等）却镶嵌于其中。因此，基质通常具有比另外两种景观单元更高的连续性，故许多景观的总体动态常常受基质支配。在实际研究中，要确切地区分斑块、廊道和基质有时是困难的，也是不必要的。例如，许多景观中的植被类型或土地利用类型并没有在面积上占绝对优势。再者，因为景观结构单元的划分总是与观察尺度相联系，所以斑块、廊道和基质的区分往往是相对的。此外，基质可看做是景观中占主导地位的斑块，而许多所谓的廊道亦可看作狭长形斑块，如图2-3所示。

图2-3　本辽高速公路路段较宽的生态廊道

2.1.3 影响景观格局形成的主要因素

空间格局的成因可分为以下三种：非生物的（物理的）、生物的和人为的。非生物的和人为的因素在一系列尺度上均起作用，而生物因素通常只在较小的尺度上成为格局的成因。景观格局形成的原因和机制在不同尺度上往往是不一样的。不同因素在景观格局形成的过程中的重要性随尺度而异。例如，温度和降水量决定了全球主要植被类型的空间格局，而区域生态系统类型则明显地受到海拔高度和其他地形特征的影响（如中国北方的草原呈东西向分布，而美国北方的草原则呈南北走向）。在小尺度上（如局部生态系统），捕食、竞争、植物—土壤相互作用等生物学过程对于空间格局的形成往往起着重要作用。一概而言之，气候和地形因素通常决定景观在大范围内的空间异质性，而生物学过程则对小尺度上的斑块性有重要影响。在森林景观中，大尺度格局往往反映自然地理边界、土地利用变化或大面积干扰的影响；流域内地形变化可导致由不同树种占优势的局部植物群落；而在森林立地内，异质性常常由个体树木水平的林隙动态所导致。

2.2 景观生态廊道在生物保护领域研究

全球的生态环境保护问题均围绕着生物多样性保护来开展，保护生态即是保护生物多样性。美国国会技术评价办公室（The Office of Technologr Assessment，OTA）在1987将生物多样性定义为：生命有机体和生态复合体的多样化（Variety）和变异性（Variability）。1992年，联合国环境与发展大会（United Nations Conference on Environment and Development，UNCDI）签署的《生物多样性公约》将生物多样性定义为"所有来源的形形色色的生物体这些来源包括陆地、海洋和其他水生生态系统及其构成的生态综合体；这包括物种内、物种间和生态系统的多样性"。

在单一的公路景观中，增加适度的森林斑块，可引入一些森林生境的物种，增加物种的多样性，如图2-4所示。而某些

图2-4 京沈高速公路途经葫芦岛路段植物与动物和谐共生的生境

地块森林大规模破坏，毁林开荒，造成生境的片断化，森林面积的锐减以及结构单一的人工生态系统的大面积出现，形成了极为多样化的变化模式，造成生物多样性骤减。不同的景观空间格局（林地、草地、农田、公路廊道等的不同配置）对径流、侵蚀和元素的迁移均有影响。生物多样性保护要考虑不同景观类型的空间分布，同一类型间的连接度和连通性，相邻斑块间的聚集与分散程度。因此，从生物生境的领域研究生物多样性保护相关概念、影响因素以及生物多样性保护策略，可从本质上指导景观生态廊道的规划和构建。

2.2.1 生物多样性概念

生物多样性是生物及其与环境形成的生态复合体，以及与此相关的各种生态过程的总和。它包括数以百万计的植物、动物、微生物和它们所拥有的基础，以及它们与环境相互作用所形成的生态系统以及生态过程，这也是国内学者普遍使用的生物多样性的定义。根据生态学专家对生物多样性的定义和解释，生物多样的研究需要重点考虑物种多样性、遗传多样性和生态系统多样性三个层次。

1. 物种多样性

物种多样性（Pecies Diversity）是指地球上动物、植物微生物等生物种类的丰富程度，是生物多样性在物种水平上的表现形式。简单地说，物种多样性就是地球上发现的所有物种。事实上，在人们认识自然界和生物界的过程中，最先认识的是在不同环境下生活的形态各异的动植物，因此，物种多样性是我们认识生物多样性的最基本层次。物种多样性是物种进化和生态适应的全过程，为人类提供生活必需的多种资源。认识物种并对其进行分类，是保护生物学的主要目标之一。

2. 遗传多样性

遗传多样性是生物多样性最为核心的层次，是物种及以上各层次生物多样性的基础。广义的遗传多样性是指地球上所有生物所携带的遗传信息的总和，也就是各种生物所拥有的多种多样的遗传信息。狭义的遗传多样性主要是指种内个体之间或一个群体内不同个体的遗传变异总和。在物种内部因生存环境不同也存在着遗传上的多样化。任何一个物种或一个生物个体都保存着大量的遗传基因，因此，可被看作是一个基因库（Gene Pool）。基因的多样性是生命进化和物种分化的基础。一个物种所包含的基因越丰富，遗传多样性越高，它对环境的适应能力越强。遗传多样性往往受种群内个体繁殖行为的影响。一个物种具有的种群数量及每个种群的大小对其遗传多样性都有重要影响。保护生物多样性的最终目的就是要保护好物种的遗传多样性。遗传多样性可以表现在生命从分子到个体的各个层次。

3．生态系统多样性

生态系统多样性是指生物圈内生境（Habitat）、生物群落（Biological Community）和生态系统（Ecosystem）的多样性以及生态系统内生境差异、生物群落和生态过程变化的惊人多样性（Meneely et al.，1990）。包括生境的多样性、生物群落和生态过程的多样化等多个方面。生境是指无机环境，如地貌、气候、土壤、水文等。生境多样性是生物群落多样性甚至是整个生物多样性形成的基本条件；生物群落的多样性主要指群落的组成、结构和动态方面（演替和波动）的多样化；生物群落的多样化可以反映生态系统类型的多样性；生态过程多样性指生态系统的组成、结构与功能在时间上的变化以及生态系统的生物组分之间及其与环境之间的相互作用和关系。地球上生态系统是多种多样的，中国是世界上生态系统多样性最高的国家之一。中国具有10个植被型组（Vegetation Type group），29个植被型（Vegetation Type），包括地球陆地生态系统的各种类型（森林、灌丛、草原、高山等），其中每种生态系统类型包括多种气候型和土壤型。生态系统多样性也表现在生态系统中物种的多样性及复杂的种间关系上，例如，生态系统的生物物种根据从群落环境中获取能量的方式不同，可分为不同的营养级：生产者、消费者和分解者。各个营养级的生物之间通过取食与被取食的关系而被紧密地联系在一起，被形象地称为食物链和食物网。在相同营养级上利用大致相同环境资源的物种可视为同一个竞争物种集团（Guild）。多数学者认为食物链和食物网的复杂性是生态系统稳定性的基础。

4．景观多样性

景观多样性是指由不同类型的景观要素或生态系统构成的景观在空间结构、功能机制和时间动态方面的多样化或变异性，它揭示了景观的复杂性，是对景观水平上生物组成多样性程度的表征。景观多样性可区分为景观斑块多样性（Patch Diversity）、景观类型多样性（Type Diversity）和景观格局多样性（Pattern Diversity）。景观斑块多样性是指景观中斑块（广义的斑块包括斑块、廊道和基质）的数量、大小和斑块形状的多样性和复杂性。斑块是物种的集聚地，是景观中物质和能量迁移与交换的场所，不但影响物种的种群大小、数量、分布和生产力水平，而且影响能量和养分的分布。景观类型多样性是指景观中类型的丰富度和复杂性。类型多样性多考虑景观中不同的景观类型（如农田、森林、草地等）的数目多少以及它们所占面积的比例，如图2-5所示。

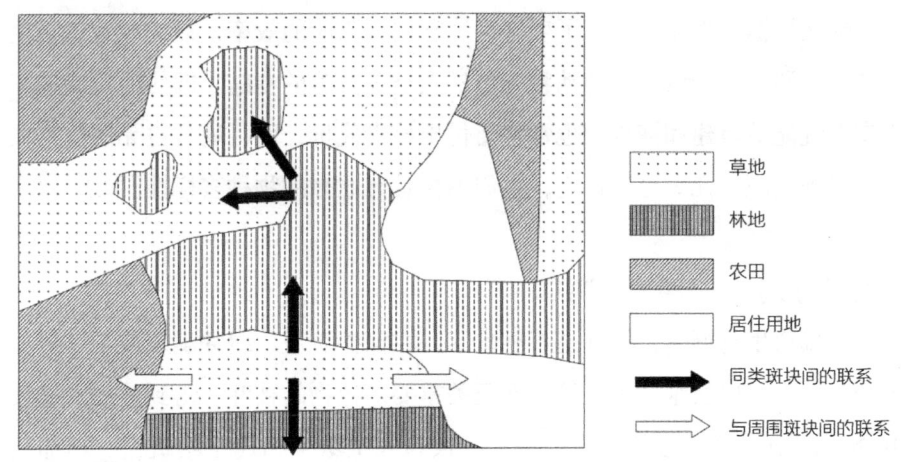

图2-5　景观类型和格局多样性（引自：傅伯杰等，1996）

景观多样性与生物多样性的其他三个层次密切相关。这四个层次之间的关系如下：在较大的时空尺度上，景观多样性构成了其他层次生物多样性的背景，并制约着这些层次生物多样性的时空格局及其变化过程，遗传多样性导致了物种的多样性、物种多样性与多型性的生境构成了生态系统的多样性，多样性的生态系统聚合并相互作用又构成了景观的多样性，一个理想的景观用地应该是粗纹理中间夹杂一些细纹理的景观布局，即景观中既有的大斑块，又有小的斑块，两者在功能上有互补效应，质地的粗细是用景观中所有斑块的平均直径来衡量的，在一个粗质地景观中，虽然有涵养水源和保护林内物种所必需的大型自然植被镶嵌，但景观的多样性不够，不利于某些需要两个以上生境的物种生存。相反，细质的景观不可能有林内物种所必需的核心区，但在尺度上可以与景观布局构成对比而增强多样性，但在整体景观尺度上则缺乏多样性，而使景观趋于单调。

2.2.2　生态廊道生物多样性生态服务功能

1．生态系统生产力

生态廊道作为带状和线状的生态系统结构单元，具有多种重要的生态服务功能，它提高是生态系统的生产力，涵养水源、调节气候、降低污染等。

生态系统生产力是植物和藻类的光合作用把太阳能转存在活组织中，这些能量有时被人类作为烧柴、饲料和野生食物直接利用。植物材料也是无数条食物链的起点，这些食物链通向为人类利用的所有动物，结果是，约40%的陆地生态系统生产力由人类对自然资源的需求所主宰导致过度放牧、采伐或火烧造成一个地区植被的破坏，损坏了生态系统利用太阳能的效率，最终导致植物生产力的丧失和生活于该地区的动物（包括人类）群落的萎缩。即使退化或损坏的生态系统能被重建和恢复，也常常要付出昂贵代价，而且通常也无法使其在功能上得到复原，几乎可以肯定，它们不再具有原来的物种多样性。

2．保持水土、涵养水源

生态廊道生物群落，尤其是森林群落，在保护流域、缓冲洪水或干旱对生态系统的冲击，以及维持水质等方面至关重要。植物的枝叶、落到地面的枯枝落叶能减弱雨水对土壤的冲刷。植物的根系和土壤生物使土壤疏松，增加其吸水能力。地被植物的土壤能在雨停后的几天或几周内，缓慢释放所储存的雨水，从而减少暴雨后洪水泛滥的危险。当砍伐、火烧等人类活动减少植被时，水土流失甚至滑坡事件发生的频率迅速增加，结果是土地的使用价值降低。对土壤的损害反过来限制了植被在干扰过后的恢复能力，使土地不再适于农耕。

3．调节气候

生态廊道的植物群落在调节局部、区域、地区以及全球气候方面也很重要。在局部区域层次上，树木提供荫蔽处，蒸发水分，从而能在热天降低温度。世界上一些地区生态廊道植被的丧失会对全球环境构成威胁。绿色和平组织已经号召各国政府采取紧急措施以阻止热带雨林消失，并对受气候变化和雨林锐减影响的当地居民给予保障，云南省西双版纳自治州量洪县35年的气象资料清楚地表明森林退化和地方气候间的关系。虽然当地的年平均气温只是略有变化，但是冬季更冷夏季更热，降雨的季节分布不均匀的现象明显加剧。在全球层次上,植物的生长与碳循环相关联。植被覆盖的减少使得二氧化碳的循环受阻,大气二氧化碳浓度增加,所以,植被破坏也是全球变暖的原因之一。森林大规模砍伐导致大量的碳被排放到大气中,其影响远远超过人为二氧化碳的排放。2010年亚马孙雨林遭遇一场破纪录的大干旱,导致数十亿计的树木枯死,其少吸收的二氧化碳,以及今后数年将释放的二氧化碳,其总量接近美国2009年化石燃料燃烧产生的二氧化碳总量(Lewis et al., 2011)。

4. 降低污染

生态廊道与不同土地性质的斑块镶嵌,可通过生物群落降低,对林木和农作物与为之提供必需养分的土壤生物之间的相互关系的污染。生物群落分解和固定污染物,如重金属、杀虫剂和污水等人类活动产物。从种间关系上考虑,许多物种因有生产使用价值而被人类利用,然而,它们的持续生存却依赖于其他野生物种。因此,一个对人类没有多少直接价值的野生物种的减少,可能导致具重要经济意义物种的相应减少。例如,人类收获的野生猎物和鱼类要以植物和昆虫作为食物,植物和昆虫种群数量的下降将导致猎物收获量的下降。农作物受益于捕食害虫的鸟类和肉食性昆虫,许多有用的野生植物依赖于果食性动物如蝙蝠和鸟类来散布种子。

2.2.3 景观生态廊道威胁生物多样性的因素

1. 全球气候变化

全球气候变化对生物多样性的影响是多方面的,不同类型的生态系统受到的威胁程度有所差异。全球气候变化将使北温带和南温带气候区向极地偏移,会有超过10%的动植物不能生存于变暖的气候中。如果这些物种不能迁移到新栖息地(主要向极地方向),它们将濒临灭绝(Malcolm et al., 2006)。人类活动导致的生境破碎化,将减慢或阻止许多物种迁移到适合生存的新的栖息地,分布区狭窄或扩散能力较弱的许多物种必将走向灭绝,而分布广泛、容易扩散的物种将在新生境中得以生存繁衍(Miller Rushing and Primack, 2004; Sekercioglu et al., 2008)。如果优势物种不能适应新的环境,整个生物群落将会发生改变(Botkin et al., 2007; Gullison et al. 2007),如美国云杉冷杉、山杨白桦林等生物群落的面积将会缩小90%以上。如果气候变暖和CO_2水平升高,适合入侵种生长和病虫害爆发,物种损失将更为严重。

2. 生境丧失

生境消失、退化与破碎化是目前公认的物种消失的根本原因。生物多样性损失的主要原因不仅仅是人类的直接开采，而且还由于人口增长和人类活动必然导致的生境破坏。生境的丧失包括生境彻底破坏、与污染有关的生境退化以及生境破碎化。动物生态学和生物保护学专家杨维康研究得出，人口增长对土地的需求不断增加，大面积的森林、草地和沼泽等变成了城镇、村庄、道路、农田和牧场。这种增长和破坏在未来的几十年里仍将是影响陆地生态系统生物多样性的主要因素，而过度开采资源、气候变化和外来种入侵其破坏程度很可能导致生境丧失，包括生境彻底破坏、与污染有关的生境退化以及生境破碎化，而如今被公路、农田、乡村和其他大范围的人类建筑分割成生境片段，这就是生境破碎化过程。其导致大片、连续面积的生境不仅面积减小，而且被分割为两个或更多的片段，同时，由于破碎的生物栖息地之间相互隔离，物种灭绝后的重迁入变缓，物种多样性程度降低，群落的物种组成发生变化。对于许多物种而言，破碎化导致个体在适宜栖息地斑块间迁移变得困难，种群规模变小，斑块间基因流减少。杨文斌研究表明，由于栖息地被高速公路及人为活动通道所分割，使栖息地缩小，其觅食、迁徙和基因交流等方面均受到影响，近亲繁殖概率增大，种群衰退的可能性随之增加，使生境中的初始种群较大的物种数量下降，如图2-6所示。

3. 生物入侵

生态系统是经过长期进化形成的，系统中的物种经过上百年、上千年的竞争、排斥、适应相互利互助、才形成了现在相互依赖又相互制约的密切关系。

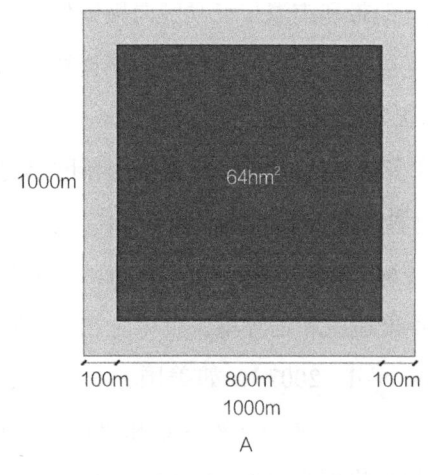
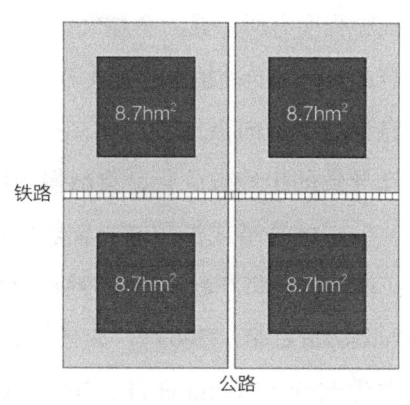

图2-6 生境斑块破碎示意图（作者根据资料整理）

一个外来物种引入有可能因不能适应新环境面被排斥在系统之外，破坏自然生态系统和景观的完整性；也有可能因新的环境中没有相抗衡成制约它的生物，使引进种成为真正的入侵者，从改变变为破坏当地生态环境。植物入侵种可替代、排挤本土植物群落中的优势种，改变其自然性和完整性。而且，本地植物往往对外域病虫害缺乏抗性，易导致严重灾害发生，有可能导致种群灭绝。原产日本的松突圆蚧（Hemiberlesia pitysophila）于20世纪80年代初入侵我国南部，到1990年底，已有130000hm²的马尾松死亡，还侵害一些狭域分布的松属植物，如南亚松（Pinus Latteri）。

4．人类过度扰动

人类的过度扰动除了直接威胁被开发或者已破坏的物种外，还间接影响这些物种所在的群落和生态系统。有物种在自然生态系统中都有自己的角色（如初级生产者、顶级捕食者、分解者或传粉者等）多物种的角色可能不止一种。例如，如果过度开发耗尽了某些物种，其他物种通常能去接替同样的角色。这个时候虽然生物多样性会有所下降，而且群落的组成也可能改变，但群落仍能得以保留。然而，有些物种对生态系统功能所起到的作用却是唯一的，而且也是重要的，它们一旦消失系统就会发生根本性的变化。我们称这样的一些物种为关键种（Keystone Species），如顶级捕食者。人类过度扰动造成环境的污染，常常是由杀虫剂、污水、农用化肥、工业化合物与废弃物、工厂与机动车排放气体以及受侵蚀的山坡产生的沉降颗粒导致的（Relyea，2005）环境污染有时是清晰可见的、影响显著的以及一些视觉不可见的隐蔽的污染。

2.2.4　景观生态廊道生物多样性保护

廊道根据其生态系统类型可分为森林廊道、河流廊道、道路廊道等。不同类型的生态廊道在设计中都会涉及一些关键性问题，如数目、本底、宽度、连接度、构成、关键点（区）等。

1）数目

生态廊道是从各种生态流及过程的考虑出发的，通常认为增加廊道数目可以减少生态流被截留和分割的概率。数目的多少没有明确规定，往往根据现有景观结构及规划的景观功能来确定。在满足基本功能要求的基础上，生态廊道的数目通常被认为越多越好。

2）本底

生态廊道是与周围土地发生联系的，因此考虑景观中生态廊道所处的本底（Context）也极其重要。对本底的研究应从三个方面入手：①弄清动物利用廊道的方式；②调查周围的土地利用方式，或是判断出从相邻地区流向生态廊道的污染物的类型与强度；③判别由生态廊道连接的大型生态斑块，这些斑的位置将会影响到生态廊道的位置、内部特征及长度，进而影响到迁移物种的类型。

3）宽度

宽度对廊道生态功能的发挥有着重要的影响。太窄的廊道会对敏感物种不利，同时降低廊道过滤污染物等功能。此外，廊道宽度还会在很大程度上影响产生边缘效应（Edge Effect）的地区，进而影响廊道中物种的分布和迁移。边缘针对不同的生态过程有不同的响应宽度，从数十米到数百米不等。边缘效应虽然不能被消除，但是却可以通过增加廊道的宽度来减小。

4）连接度

连接度（Connectivity）是指生态廊道上各点的连接程度，它对于物种迁移及河流保护都十分重要。对于野生动物来说，功能连接度（Functional Connectivity）会根据不同物种的需要发生变化。道路通常是影响生态廊道连接度的重要因素，同时，廊道上退化或受到破坏的片段也是降低连接度的因素。规划与设计中的一项重要工作就是通过各种手段增加连接度。

5）构成

构成是指生态廊道的各组成要素及其配置。廊道的功能的发挥与其构成要素有着重要关系。构成可以分为物种、生境两个层次。生态廊道不仅应该由乡土物种组成，而且通常应该具有层次丰富的群落结构。除此之外，廊道边界范围内应该包括尽可能多的环境梯度类型，并与其相邻的生物栖息相连。

6）关键点（区）

关键点（Key Point）包括廊道中过去受到人类干扰以及将来的人类活动可能会对自然系统产生重大破坏的地点。当点的面积在所研究尺度上变得足够大时，就成了关键区（Key Area）。从某种意义上讲，关键点（区）也是生态廊道构成的一部分，只不过这些点（区）在廊道中占有更加重要的地位。

生态廊道宽度的确定应该从对其功能的研究入手，即遵循景观结构与功能原理。下文将从生物保护廊道（简称生物廊道）方面对生态廊道的宽度进行探讨。景观生态廊道的不同宽度对生物多样性保护的作用不同。

生物学家认为，廊道往往是越宽越好。随着宽度的增加，环境的异质性增加，进而使得物种多样性的增加。具体地讲，廊道很窄时，边缘种和内部种都很少。随着宽度的增加，边缘种和内部种均增加，其中边缘种是在宽度略增加时即迅速增加，而内部种则当宽度增加到相当宽度时才会迅速增加。此外，边缘种在增加到一定数量后会逐渐趋于稳定，而内部种会随着廊道宽度的增加一直增加。宽度对物种数量的影响效应是不一致的。当宽度较小时，廊道宽度对物种数量影响较小，甚至可以说没有影响。达到一定宽度阈值后，宽度效应才会明显地表现出来。相关研究表明这个阈值为7~12m。对许多物种来说，边缘效应是影响廊道质量和宽度最主要的因素。然而，随着植被类型和目标物种的改变，边缘效应的影响范围变化很大，从几米到几百米不等，这就为确定廊道的宽度带来了困难。狭窄的廊道如篱笆可能完全被边缘生境（Edge Habitat）占据，因此对敏感物种来说将会有更高的死亡率。然而，Robbins和Ambuel等人指出，狭窄的廊道可能会过滤掉进入森林的机会边缘物种（Opportunistic Edge Species），从而保护内部物种。这些问题至今仍未得到科学研究的证明，在具体的规划中，应根据实际情况加以考虑。边缘效应主要通过小气候效应（如边缘光照、风、干燥等因素）的变化引起边缘植被组成和机会边缘种进入生境深度的变化中的一些研究结果表明，不同的边缘效应对应着不同的廊道宽度，但总的来看，廊道还是越宽越好。生物廊道中植被的结构（垂直结构、水平结构与年龄结构）对廊道中物种数量也有较大的影响，例如乔、灌、草复合结构的廊道比仅由乔木构成的廊道含有更多的鸟类物种。此外，阔叶树廊道中鸟类的种类一般比针叶树廊道的多。在某些情况下，沿着廊道种植一条紧密的缓冲带（比如针叶树）可能会改善小气候效应，同时也可以减少边缘种定居的机会。

生物迁移廊道的宽度随着物种、廊道结构、连接度、廊道所处基质的不同而不同（图2-7）。对于鸟类而言，十米或数十米的宽度即可满足迁徙要求。对于较大型的哺乳动物而言，其正常迁徙所需要的廊道宽度则需要几

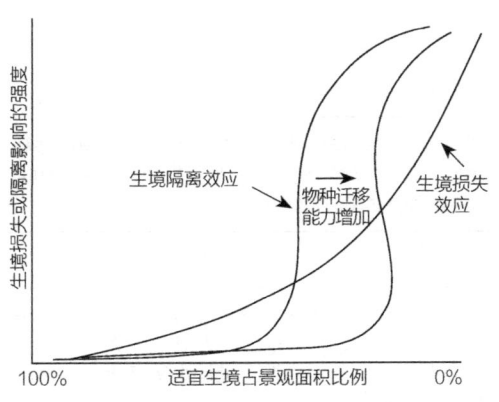

图2-7　生境损失与物种迁移关系图（作者根据资料整理）

千米甚至是几十千米。根据Meffe等对北美地区的矮蠓、白尾鹿、短尾猫、美洲狮、黑熊和狼的行为研究表明，它们所需要的迁徙廊道宽度从0.6千米到22千米不等。有时即使对于同一物种，由于季节和环境的不同，所需要的廊道宽度也有较大的差别。Harris和Scheck建议，当考虑所有物种的运动时，或者当对于目标物种的生物学属性知之甚少时，又或者希望供动物迁移的廊道运行数十年之久时，那么合适的廊道宽度应该用千米来衡量。

对于生物保护而言，一个确定廊道宽度的途径就是从河流系统中心线向河岸一侧或两侧延伸，使得整个地形梯度（对应着相应的环境梯度）和相应的植被都能够包括在内，这样的一个范围即为廊道的宽度。Forman建议河流廊道应该包括河漫滩、两边的堤岸和至少一边一定面积的高地，而且这部分高地应该比边缘效应所影响的宽度要宽。当由于开发等原因不能建立足够宽或者具有足够内部多样性的廊道时，也可以建立一个由多个较窄的廊道组成的网络系统。这个网络能提供多条迁移路径，从而减少突发性事件对单一廊道的破坏。在缺乏对场地进行详细研究的情况下，只能结合场地实际情况并根据相似案例确定较适宜的宽度值。宽度值虽然变化很大，但仍然具有一定的规律性，总结如表2-1所示。

根据相关研究成果归纳的生物保护廊道适宜宽度　　　　表2-1

宽度值（m）	功能及特点
3~12	廊道宽度与草本植物和鸟类的物种多样性之间相关性接近于零；基本满足保护无脊椎动物种群的功能
12~30	对于草本植物和鸟类而言，12m能够包含草本二植物和鸟类多数的边缘种，但多样性较低；满足鸟类迁移；保护无脊椎动物种群；保护鱼类、小型哺乳动物
30~60	含有较多草本植物和鸟类边缘种，但多样性仍然很低；基本满足动植物迁移和传播以及生物多样性保护的功能；保护鱼类、小型哺乳、爬行和两栖类动物；30m以上的湿地同样可以满足野生动物对生境的需求；截获从周围土地流向河流的50%以上沉积物；控制氮、磷和养分的流失；为鱼类提供有机碎屑，为鱼类繁殖创造多样化的生境
60/80~100	对于草本植物和鸟类来说，具有较大的多样性和内部种；满足动植物迁移和传播以及生物多样性保护的功能；满足鸟类及小型生物迁移和生物保护功能的道路缓冲带宽度；许多乔木种群存活的最小廊道宽度
100~200	保护鸟类、保护生物多样性比较合适的宽度
≥600~1200	能创造自然的、物种丰富的景观结构；含有较多的植物以及鸟类内部种；通常森林边缘效应有200~600m宽，森林鸟类被捕食的边缘效应大约范围为600m，窄于1200m的廊道不会有真正的内部生境，满足中等及大型哺乳动物迁徙的宽度从数百米至数十千米不等

确定生物保护廊道宽度时必须注意几个关键问题：①应使生态廊道足够的宽以减少边缘效应的影响，同时应该使内部生境尽可能的宽；②根据可能使用生态廊道的最敏感物种的需求来设置廊道宽度；③尽量将最高质量的生境包括在生态廊道的边界内；④对于较窄且缺少内部生境的廊道来说，应该促进和维持植被的复杂性以增加覆盖度及廊道的质量；⑤除非廊道足够的宽（比如超过1km），否则廊道应该每隔一段距离都有一个节点性的生境斑块出现；⑥廊道应该联系和覆盖尽可能多的环境梯度类型，即生境的多样性。

2.3 景观生态廊道在植物生态学领域研究

植物生态学是环境保护的理论基础之一。植物生态学包括个体生态学、种群生态学、群落生态学和生态系统学等。从植物生态学领域研究景观生态廊道的目的在于阐明外界条件对生态廊道植物形态结构、生理活动、和地理分布的影响；植物对环境条件的适应和改造作用。景观生态廊道的群落结构是由群落在空间上和时间上生存和变化的综合反映，植物群落是群落结构形成的基础，也是研究景观生态廊道植物群落的入手之处。因此，景观生态廊道规划，要研究植物生态学领域的相关内容，如植物群落的最小面积、植物群落的结构、植物个体分类和影响因素，等等。

2.3.1 景观生态廊道植物群落的最小面积

植物群落是群落结构形成的基础。各种类型的群落所占面积或大或小，含有的植物种类有多有少。在对群落的定量研究中，需要划定一定的面积作为样本，清点植物种类，收集基本数据。欧洲科学家最先提出"最小面积"（Minimum Area）的概念，并据此进行研究。方法是在群落中选择植物生长比较均匀的地方用绳子圈定一块小的面积（一般在草本群落中，最初的面积是10cm×10cm；森林群落则要用5m×5m或者稍大），登记这一面积中所有的植物种类。然后，按照一定顺序成倍扩大边长，每扩大一次，就登记新增加的种类。起初，随着面积的扩大，植物种类的数目也随之增加，之后随着面积再扩大，植物种类却很少甚至不再增加。用种的数目与样方增加的关系绘制出种类—面积曲线。曲线最初陡峭上升，而后水平延伸，在曲线转折处所指示的面积，即为该群落的最小面积。

通过各种群落类型的对比，可以发现：环境条件越优越，组成群落的植物种类就越多，群落的结构越复杂，则群落的最小面积相应地就越大。例如，我国西双版纳南部的热带雨林群落，它的最小面积至少为2500m²，其中包含了组成群落的主要高等植物130种左右；而东北小兴安岭红松林的一个群落中，最小面积约为400m²，包含主要的高等植物40种左右。这样，我们就可以从环境条件的优越程度和植物种类数目的多少、群落结构的复杂程度和群落最小面积的大小等方面，找到一定的相关性，它们之间都是一种正比例关系。最小面积是群落结构的一项特征，也是设定样地面积的依据，样地面积一般不应小于群落的"最小面积"。当然，最小面积法只用于对生疏的植被类型进行初次调查，或者是专题研究（包括定位研究）时使用。而在一般的普遍调查中，大多根据已有的经验确定样地面积，例如在我国，按大类划分：森林群落的样地面积为100～2500m²（由温带到热带）；高草群落为25～100m²；中、低草本群落则为1～25m²。为了便于综合比较，同一区域各植被大类的样地面积应该相同。

2.3.2 群落的垂直与水平结构

1. 群落的垂直结构（成层性）

群落中植物按高度（或深度）的垂直配置，就形成了群落层次。群落的成层性保证了植物群落在单位空间中更充分地利用自然环境条件。植物群落的成层现象包括地上部分和地下部分。决定地上部分分层的环境因素，主要是光照、温度和湿度等条件；而决定地下分层的主要因素，是土壤的物理和化学性质，特别是水分和养分。植物群落所在地的环境条件越优越，群落的层次就越多，层次结构也越复杂；反之，则层次数越少，层次结构也就越简单。景观廊道生境植物种类的丰富度会影响植物群落的稳定性，树种单一的植物群落生态系统较为脆弱，一旦遇到自然灾害、人类较强的干扰或病虫害，容易面临植物死亡和群落的消失，如图2-8、图2-9所示。

1) 地上部分的垂直结构

在完全发育的森林群落中，按植物的高度和生长型，通常可以分为乔木层、灌木层、草本层和地被层等四个"基本结构层次"，在各层中又可按同

图2-8 沈大高速公路某路段单一杨树林带遭受病虫害侵蚀　　图2-9 我国高速公路某路段生态廊道丰富的植物群落景观

化器官在空中排列的高度划分亚层。可以把高度相差不超过10%的所有树木划为同一亚层。例如某一林地中，有一批乔木平均高度为30m，那么树高在27～33m范围内的其他乔木，都列入同一亚层中；而另一些树高相距过大的树木，则划为另一亚层。同样，在灌木和草本层中，也可以划分亚层。群落内各个层次的形成，均有其生态上和动态上的原因。在森林群落内的不同高度，其光照、温度和湿度条件的质和量都不相同，变动规律也不一样。只有能够适应于某种环境的植物种类，才能生活在群落的一定高度范围内、形成一个层次。这样，作为一个层次，都有一定的植物种类及其个体数量，每个层次各具有一定的小生境特点。

在多层结构的群落中，各个层次在群落中的地位和作用各不相同，各层中植物种类的生态习性也是不同的。以一个郁闭的森林群落为例，最高的那一个层既是接触外界大气候变化的"作用面"，又在创造群落内特殊的小气候环境中起着主要作用，是群落的主要层，主要层中的优势种称为建群种（Constructive Species）这一层中的树种或者是阳性喜光的种类或者是耐阴性较弱的种类。上层以下的各层次中，由上而下的植物种类耐阴性也增强。在群落底层光照最微弱的地方，则生长着阴性植物。植物耐阴性越强，也越不能适应温度和湿度的大幅度变化，它们都程度不同地依赖主要层所创造的植物环境而生存。由这些植物所构成的层次，在群落内植物环境的创造中起着次要的作用，它们是群落的次要层。次要层中植物的种类、个体数量及着生情况，常因主要层的结构（特别是疏密状况）而有较大的变化，表现是多种多样的。

在有些特殊情况下，群落中较低的层次可能是主要层，突出的例子是热带稀树干草原植被，其分布地气候特别干热，树木星散分布，树冠互不接触，干季时全部落叶，在形成植物环境方面作用较小：面密集深厚的植被层却强烈影响着土壤的发育，同时也影响着树本的更新。显然，这里的草本层是群落内占着主要地位的层次。

植物群落中除了自养、直立、独自支撑的植物所形成的层次以外，还有一些植物，如藤本和附、寄生植物，它们并不独立形成层次，而是分别依附于各层次中直立的植物体上，称为层间植物。随着水、热条件愈加丰富，层间植物逐渐增多。在热带森林中层间植物发育最为繁茂，粗大的木质藤本是热带雨林的特征之一，附生植物更是多种多样。藤本植物和附生植物（一部分动植物除外）基本上是喜光的，它们大多在上层稍有空隙且透光处生长，因而又可以称为"填空植物"。但附生植物的附生高度则与森林内湿度条件有关，在林内湿度很大的情况下，附生植物可着生于树干很高的部位，否则，附生植物的着生高度也相应降低。附生植物种类也是群落结构的一个部分。层间植物主要在热带、亚热带森林中生长，而不是遍及于所有类型。

2）地下部分的垂直结构

地下（根系）的成层现象和层次之间的关系，和地上部分是对应的。一般在森林群中，草本植物的根系分布在土壤的最浅层，灌木及小树的根系分布较深，乔木的根系则深入到地下更深处。地下各层次之间的关系，主要绕着水分和养分的吸收而产生。在草原群落中，各种植物的根系密接，强烈郁闭，比地上分层更为复杂。以至于草原群落变化发展的方向，在很大程度上取决于优势植物种类的根系分布特点。例如，当其他条件相似时，随着放牧强度的增加，或者土壤中可溶性盐类含量的加大，草原植物的根系数量显著减少，且越向土壤表层集中，这就是草原开始退化的标志。因此，要全面研究草原群落的生活规律，必须研究其地下分层结构。

在人工群落中，对地下分层的研究和应用更为广泛。禾本科与豆科混播的牧草，常常能比单一种类获得高产，不仅因为这两类植物的地上部分能充分利用空间和日光，同时也由于地下部分能合理地利用土壤的水分和养分。禾本科牧草的须根系入土较浅，豆科牧草的直根系入土较深，它们各处于土壤的不同深度。这样，在土壤的单位体积内，植物的吸收面积比单播时增大了很多。分布在土壤浅层的禾本科植物须根，主要利用由土表下渗的水分；而分布在土壤深层内的豆科植物根系，则主要利用土壤内上升的水分。豆科牧草的根系从土壤深层吸收更多的钙，当其残体分解后，满足了禾本科植物对钙的需要；禾本科植物的根系能吸收更多的磷，又弥补了豆科植物的需要。豆科植物根系上的根瘤菌，则成了禾本科牧草氮肥的供应者。这个例子就可以阐明地下分层的实质及研究的意义。

2. 群落的水平结构

植物群落的结构特征，不仅表现于垂直方向上的分层现象，而且也表现于水平方向上的植物配置格局。

经常可以发现，在一个多层群落的下层，有些植物种类的分布是不均匀的。例如在森林中，林下阴暗的地点有一些植物种类形成小型的组合；而在林下较明亮的地点是另外一些植物种类形成组合。在草原中，也有同样的情况。如在并不郁闭的草原群落中，禾本科密草丛中有与其伴生的少数其他植物，草丛之间的空间，则由各种不同的其他双子叶杂草类占据。小地形和微地形的变化、土壤温度和盐渍化程度的不同，以及森林上层遮阴的不均匀，等等。植物种类本身的生态生物学特点也有很大影响，特别是种的繁殖特征（营养繁殖或种子繁殖）和迁移特征（大量传播体的同时迁移），以及种在一定环境条件下的竞争能力等。群落水平化由一个个小群落组成。对小群落的研究，有助于我们更为全面地掌握群落结构的总体特征，了解群落内小生境变化的特点，以及整个群落的动态趋势。

3. 植物群落的形成过程

基于以上作用，在裸地上植物群落的形成，大体上经历以下的基本阶段：

第一阶段是开敞的植物群落。这一阶段的特征是：偶然混合的植物种形成极为单纯的植丛，大多由一、二年生的杂草植物所组成，地上部分并不郁闭，很多植物有益于传播的种子。多年生草本植物中，以可借助营养器官（具有茎、萌蘖枝或具蔓）的移动而繁殖的种类占优势。这些植物都是阳性的种类，都能忍受地面温度和水分较大幅度的变化。这种植物的最初组合，称之为"先锋植物群落"（Pioneer Plant Community）。

第二阶段是为郁闭混合的植物群落。其特征是个别植株的郁闭和混合状斑块结构，一、二年生草本逐渐消失而被能适应竞争的多年生植物所代替。群落的郁闭是结构上的概念，指主要层对地面的覆蔽程度。而郁闭度的逐步加大，最终将导致群落密闭性的形成。

第三阶段是相对密闭（Close）的植物群落。这一阶段，群落的结构已有分化，植株过分密集的地方，一些生长落后的个体死亡，所有植物种类均匀混合，能适应于长期生长在该地区的多年生植物占优势。通过植物种类之间的竞争，出现了个体数量占优势的种类，由于这些种类的存在和生长繁殖，改变了原有生长地的环境条件，创造了群落内所特有的植物环境，这些种类就被称为群落的建群种（Constructive Species）。适应于这种植物环境的其他植物种类能够在群落中存在；不适于这种环境的植物种类则不可能进入群落。也就是说，要进入这种群落的新种类，要受到植物环境的选择，这就是群落的密闭性（或者说排他性）。到了这个阶段，群落的植物种类组成相对稳定，成为群落的"基本种类成分"。当然，群落的密闭性也是相对的。随着群落的发育，原有密闭性就会被打破，新的群落形成后又有其自己的密闭性特点。

2.3.3 植物群落的个体分类

在自然界，经常发现这样一些现象：一方面，属于同一个种的植物个体群，因为长期生活在不同的环境中，它们在高度、叶片的大小、开花的时间以及其他相关性状上都有或大或小的差异；另一方面，不同种类的植物，由于长期生活在同一环境中，受相同或相近环境因子的影响和制约，它们在形态结构、生理生化特征等方面却很相似或相近。前者称为趋异适应（Divergent Adaptation），后者则称为趋同适应（Convergent Adaptation）（图2-10）。

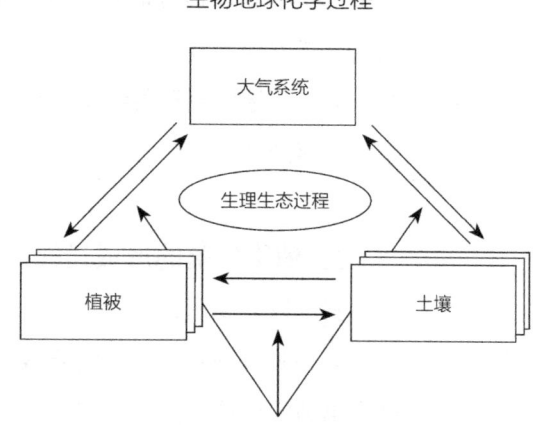

图2-10 生物地球化学过程示意图（引自邬建国，2007）

1. 植物的生态型

在生态型的研究中，可根据引起植物种内分化的主导因素对植物的生态型进行划分。

1）气候生态型

气候是光照、温度、水分等多种生态因子的组合，不同区域中这些组合不同，植物的适应方式也有较大差异，从而形成了众多的气候生态型。不同的气候生态型在形态、生理、生化上都表现有差异，如对光周期、温周期和低温化等都有不同的反应。分布在北方的生态型表现为长日照类型，南方的生态型一般表现为短日照类型，海洋性气候生态型要求环境有较小的昼夜温差，大陆性气候生态型则要求较大的昼夜温差。南方的气候生态型种子发芽对低温春化没有明显要求，北方的气候生态型如不经低温春化，就不能打破休眠。

长期生长在不同光强环境下的植物在形态结构和生理等方面产生了相应的适应，形成了阳性植物、阴性植物和耐阴植物三大以光照为主导因子的生态类型，具体分类如下：

（1）阳性植物（Heliophytes）是在全阳光照的环境中才能生长健壮和繁殖，在荫蔽和弱光条件下生长发育不良的植物。阳性植物多生长在旷野、路边，如蒲公英、蓟、槐树、柳树等。演替初期的先锋植物都是阳性植物。草原和沙漠植物及多数农作物也都是阳性植物。

（2）阴性植物（Sciophyte）是在较弱的光照条件下比在强光下生长良好的植物。但阴性植物对光照的要求也不是越弱越好，当光照低于它们的光合补偿点时，也不能生长。阴性植物多生长在光照阴暗、潮湿的生境，如背阴的山涧和森林中。铁线蕨、观音座莲等蕨类植物是阴性植物，凤仙花、冷水花、秋海棠、人参、三七、半夏也都是阴性植物。

（3）耐阴植物（Shade-tolerant Plant）是在全光照条件下生长最好，尤其是成熟植株，但也能忍受适度的荫蔽或其幼苗可在较荫蔽的生境中生长的植物。它们既能在全光照条件下生长，也能在较荫蔽的地方生长，只是不同植物的耐阴性不同。树种中侧柏、胡桃，药用植物中的桔梗、党参、肉桂等是耐阴植物。演替晚期树种和顶级树种以耐阴植物居多，如滇青冈、青冈、云杉等。

阳性植物枝叶稀疏、透光性好，自然整枝良好。阴性植物有两种典型的树形，一种是形成较展开的单层树冠，增加枝条的水平生长，枝条角度近于水平，减少高生长，叶片生长在枝条的两侧，并能加速自疏树冠下层的枝条，减少自我遮阴；第二种类型是个体较高，分枝性不强，形成紧凑的树冠甚至不分枝，树干瘦细，维持快速地纵向生长，使之尽快脱离弱光环境。

同一株植物不同位置叶片也会表现出阳性植物、阴性植物叶片的特征，植冠的南向外层的叶片常表现出一些阳性植物叶片的特征，而植冠内部和北向的叶片常表现出些阴性植物叶片的特征。

以水分为主导因子的生态类型主要分为水生植物和陆生植物两大类。水生植物按植物体沉没在水下的状态，可分为沉水植物、浮叶植物和挺水植物三类。

（1）沉水植物：沉水植物在大部分生活周期中，植物体全部沉没在水下，根生于水下底基中，如金鱼藻、弧尾藻和黑藻等。沉水植物的根、茎、叶由于适应水生而退化，根的维管束退化减弱了根系的吸收功能；茎中缺乏木质和纤维组织，柔软有弹性；叶片薄，多星带状或丝状。水中光照弱，沉水植物细胞叶绿体大而多，集中于表面。沉水植物无性繁殖比有性繁殖发达。

（2）浮叶植物：浮叶植物的茎、叶浮在水面，根固着或自由漂浮，如菱、睡莲和凤眼莲、浮萍等。浮叶植物又分为根生浮叶植物和自由浮叶植物。根生浮叶植物叶片漂浮于水面，叶片两面性强，气孔通常分布在上面；叶片有流水的树或根与生底基的根相连，沉水部分气道发达。自由漂浮的植物根系漂浮退化或悬垂在水中；叶片或茎的海绵组织发达，浮力大；植株漂浮不定。

（3）挺水植物：挺水植物的根着生于水下底基中，茎直立，光合作用部分处于水面上，如芦苇、香等。根、茎通气道发达；茎叶角质层厚。挺水植物有充分的水分供应，光合器官暴露在空气中，既受到充足的光照，又有丰富的CO_2供给，具有较高的生产率。

陆生植物：陆生植物生长地水分状况十分多样，可按植物的适应特征，分为湿生、中生和旱生植物三种类型。

（1）湿生植物：湿生植物是适宜生活在水分饱和或周期性水淹的地段，具有抗水淹能力，不能忍受长时间缺水。沼泽中基本上都是湿生植物，还有如水稻、灯芯草等。

（2）中生植物：中生植物是适宜生长在水湿条件适中的生境，是种类和数量最多分布最广的陆生植物。

（3）旱生植物：旱生植物能忍受较长时间干旱，具多种适应干旱的形态结构特征和生理生化特性，有较强体内水分平衡调节功能，又可分为少浆液植物和多浆液植物。

2）土壤生态型

土壤是植物生长繁衍的主要环境，也是植物所有营养元素的基本来源，除了气候的差异性外，对植物影响最大的就是立地环境中的土壤条件。土壤生态型往往强调因土型进行土壤化学性质不同，如酸性程度、盐碱程度、特殊元素组成上的差异引起的生态型分化。以土壤为主导因子的植物生态类型可分为：

酸性土植物、盐碱土植物、沙生植物等。

酸性土植物只能生长在酸性土壤上，而在碱性土或钙质土上不能生长或生长不良。典型的酸性土植物有泥炭藓属（*Sphagnum*）、铁芒萁（*Dicranopteris linearis*）、东北石松（*Lycopodium clavatum*）、狗脊（*Woodwardia japonica*）、茶树（*Camellia sinensis*）等。这些植物具有耐酸性，可生活在pH<6.5，甚至pH3~4的强酸性土上。水藓属植物喜欢强酸性环境，对OH⁻很敏感，即使在中性范围也会死亡。中性土植物只能生活在pH6.5~7.5的中性土壤上，在酸性土或碱性土的土壤中生长不良。实际上大多数维管束植物对土壤酸碱性有较宽的适应范围，如果单独栽培它们时，在pH3.5~8.5的土壤中都能生长，但它们自然分布的pH范围却很窄。这是因为它们的生态最适范围与生理最适范围不相重合，只有在很窄的pH范围内才能成功地对抗竞争得以生存。

盐碱土植物在一些气候干燥的半干旱、干旱地区，降水量少而蒸发强烈，土壤中盐分不断积聚到地表，造成表层土壤含盐量过高，主要是钠盐。习惯上把含$NaCO_3$和$NAHCO_3$为主的土壤称为碱土，把含NaCl和$NaSO_4$为主的土壤称为盐土。但在自然界，这两种土壤往往是同时存在的，统称为盐碱土。一般植物不能在盐碱土壤中生长。盐碱植物具有抗盐碱能力，在盐碱土壤中也能正常生长。例如：碱蓬草（*Suaeda glauca*）、柽柳（*Tamarix chinensis* Lour.）、紫穗槐（*Amorpha fruticosa* Linn.）等。

沙生植物是能够在沙区生境中生长的植物，耐高温、强光照和大风沙。严酷的生境条件成为许多植物生长的限制因素，只有沙生植物能适应于这种恶劣生境。如仙人掌、梭梭、柽柳和木麻黄等。对干旱适应性的获得，是以光合能力的消减为代价，净光合速率较低，而且有较高的光呼吸。这一方面是由于光合作用的重要器官叶片退化，光合面积减少；另一方面是有的沙生植物光合作用为景天代谢途径，光合能力低。因而，沙生植物生长缓慢。有些沙生植物的根形成保护结构，当因风蚀而有根系露出沙面时，能起到使根系免受火烧和流沙机械伤害的作用，同时也能减少蒸腾和防止反渗透失水。如沙芦草（*Agropyron mongolicum*）、沙竹、沙芥（*Pugionium cornutum*）的根具有一层由固结的沙粒形成的囊套。还有的植物如沙葱（*Allium mongolicum*）的根具有厚的纤维；有的植物其根内有一层很厚的皮层，这些结构也都能起到类似于根套的作用。

3）生物生态型

以生物因素为主导因子导致植物出现的生态分化，属于生物生态型。在自然界中，植物之间的竞争也导致植物生态型的分化。如稗子（*Echinochloa crus-galli*）在水稻田中杆直立，与水稻同高，与水稻几乎同时成熟，而在其他地方的稗子则杆较矮、分散，开花时间也不太集中。植物为了抵御动物的啃食，往往也形成了一些特殊的适应性特征，成为牧场生态型（Grazing E. eolype）。这些生态型与一般的同类植物相比，生长比较缓慢，地下部分比较发达，矮化，次生代谢产物比较发达，皮刺、叶刺等保护性组织发育充分。

生物生态型最常见的是人类生态型。所谓人类生态型（Anthropogenic Ecotype），又称为人类诱因形成的生态型，指的是人类活动定向改变了其属性的植物类型。人类对植物的影响有直接的，也有间接的。几乎所有的栽培植物与它同类祖先的野生植物之间都具有极大的差别，它们由人类选育出来，在人类的培育和栽培下维持繁茂的生长和超常的繁衍，而一旦离开了人类的扶持，种子无法传播，大量种子集中在一起则很难发芽，其后代个体竞争激烈。如一穗小麦落到地下，在自然条件下几乎没有一颗种子可以长成新的成熟个体。世界上大多数栽培植物，与其祖先或相应的野生植物相比，都可以看成是以人为主导因子的人类生态型。

2. 植物的生活型

1）植物生活型的概念与划分

生活型（Life Form）是不同种类的植物对相似环境的趋同适应而在形态、结构、生理，尤其是外貌上所反映出来的植物类型。

相同的生活型反映的是植物对环境具有相同或相似的要求或适应能力，往往是根据植物外貌、寿命等外部可见的特征进行度量。如以往将植物划分为乔木、灌木、半灌木草本、木质藤本、草质藤本、多年生草本、一年生草本植物等，就是比较常用的分类。植物的生活型也是群落学研究中植物功能群（Function Groups）或生态种组（Ecological Species Group）划分的基础。除了生活型、功能群等概念来说明植物趋同适应的结果以外，还有生态类型。所谓生态类型（Ecological Group）就是适应相同或相似的生态环境而在生物特征上显现比较一致的一类生物的统称。如阳性植物、阴性植物，水生植物、陆生植物，常绿植物、落叶植物、针叶植物等。与生活型相比，生态类型包括的植物适应相同或相似环境的范围要大，所指的植物类别比较宽泛。

2）不同生活型植物对生境的适应方式

植物的生活型与生境特点是密切联系的。不同的生活型在本质上就是对所在环境长期适应的综合反应模式。对植物而言，生境中最核心的要素是温度、水分及其配置状况。这里，主要介绍几种典型的植物生活型及其对相应生境的适应性。

（1）常绿植物（Evergreen Plant）是指常年保持叶片，尤其是在水分威胁时仍保存叶片的植物。常绿植物的优势在于当水分条件变好时，已有的组织快速吸水并恢复活力，又能及时进行光合作用和物质生产，不会因为新的光合组织和器官的形成导致光合作用的停滞；但是这类植物为了保持叶片的存在，需要付出代价，尤其是在不能进行生产时需要消耗水分，呼吸作用也需要消耗大量的能量。常绿植物主要分布在水热条件较好的地区，但在极端寒冷的冻原、极地、热带和亚热带地区的高山环境中，部分植物也保存叶片。应该注意的是，不少常绿植物在水分条件很差时也有大量的叶片脱落，只保存部分叶片，这也因为可以通过减小表面积从而避免不必要的水分丧失。

（2）干旱落叶植物（Drought-deciduous Species）是指在旱季叶片脱落、保持休眠状态，从而避免水分丧失的植物。典型的干旱落叶植物存在于地中海气候条件下，如美国西海岸灌丛群落，在高温干旱的夏季叶片脱落，而在寒冷潮湿的冬季保持最大的生长状态。有的植物如假紫荆（*Cercidium floridum*）具有绿色的茎，在干旱季节没有叶片，在降雨后新的叶片也能快速长出，这样就使它既可以在干旱或寒冷的条件下成长，也可以在优越的条件下快速地生长。

（3）深根植物（Phreatophyte）又称为吸地下水植物。这类既能生长在河边，也能生活在干旱地区，它们以深入地下的庞大根系从地下获取稳定的水源，从而使它们可以度过特别干旱的时期。它们当中很多能够长成参天大树，如三角叶杨（*Populus Fremont*）、柳树（*Salis* spp）、悬铃木（*Platanus Racemosa*）。有的在盐生环境中生长的植物也属于深根植物，如大齿槭（*Acrgrandidentatus*）。这些植物即使生活在河边也很少从地表吸收水分，而是借助深入强大的根系从地下获得水分。深根植物在幼小阶段吸收土壤表层的水分，但随着植物的长大和根系的发育，转而从地下深处吸收水分。

（4）短命植物（Ephemerals），有的一年生植物在其生活史中有一个短暂的中湿条件，植物可以利用这个条件快速萌发并完成整个生活史。如在特别干旱的沙漠中，一年甚至多年只降一次雨，这时只有在中生环境中生长、并能够快速完成生活史的短命植物才能够存活下来。这种植物的发芽和死亡状况不受光周期的影响，主要受土壤水分和温度的影响。C_3植物和C_4植物对生境的适应性或要求是不同的，从而在一个区域里，如在澳大利亚东南地区的沙漠地带，在夏季活动的短命植物一般为C_4植物、在冬季活动的短命植物一般为C_3植物。

第3章

辽宁地区植被特征情况

3.1 辽宁地区植被特征概况

辽宁森林植被正处于长白、华北和蒙古三个植物分布区的交叉地区，植物区系主要特点具有明显地过渡性质：①在辽宁东部山区，地带性森林植被为温带红松阔叶混交林区域，属于长白植物区但在森林组成中常混有许多暖温带植物成分，如油松、赤松、花木兰等；②辽南和辽西地区为我国华北暖温带落叶阔叶林向东北延伸的边缘，属于华北植物分布区，而在森林植被组成中，常有许多长白区系种类，如蒙古栎、胡桃楸、黄菠萝、紫椴、山槐等。③在辽北地区为森林草原地带，属于蒙古植物区系，在植被组成中有华北植物区成分，如元宝槭、蒙椴、荆条等；④除上述三个植物区系成分相互渗透、相互过渡外，辽宁植物区系另一个特点是亚热带植物成分分布到温带和暖温带森林植被中，如在辽东山地有刺楸、八角枫、天女木兰、玉玲花等。在辽南地区亚热带植物种类更多，如海州常山（*Clerodendron trichotomum*）盐肤木（*Rhus chinensis*）等在辽东山地还有朝鲜越橘（*Vaccinium koreanum*）、槭叶草

图3-1 辽宁省铁岭市西丰县夏秋两季丰富的针阔混交林

（*Nukdenia rossii*）等。

辽宁天然林主要类型有①针叶林：油松林和赤松林，前者分布在辽南和辽西，海拔800m以下低山丘陵的阳坡或顶部，呈纯林分布；后者仅分布辽南以庄河市的仙人洞国家级自然保护区最为典型。②针阔叶混交林：在辽东山地海拔900~1200m，主要分布红松阔叶混交林。在海拔1000m以上，还分布有云冷杉阔叶混交林。而在辽西和辽南山地，分别分布有油松栎树混交林和赤松栎树混交林，栎树以蒙古栎、辽东栎、槲栎（*Quercus aliena*）为主。③阔叶林以栎林为最多，约占全省天然林面积的44%，主要有蒙古栎林、辽东栎林等。其次为阔叶混交林是针阔叶混交林经过破坏后形成的次生森林类型，由于树种较多又无优势种类，俗称为杂木林。此外还有山杨林、白桦林、枫桦（*Betula costata*）林、岳桦林、胡桃楸、水曲柳林、赤杨林以及椴树林。

3.2　适合辽宁省高速公路的多年生草本植物培育研究

多年生草本植物的主要观赏及应用价值在于其色彩的多样性、应用的实时性。同时，多年生草本花卉还具有种类繁多、适用性强、栽培管理较粗放等优点，越来越多的多年生草本花卉被广泛应用在城市的道路两侧、路口、广场、公园、机关庭院等，在城市园林绿化中起到了很好的点缀和美化作用，增加了城市绿化的色彩，提高了园林绿化的档次和效果。多年生草本植物的研究和应用面临着一个良好的机遇和发展前景。

除多年生草本花卉自身优势外，草本花卉是城市绿地系统植物多样性和城市人工群落的重要组成部分。然而，目前有关城市绿化中生物多样性的研究多着眼于木本植物，而对多年生草本花卉多样性的研究报道却很少。其实多年生草本花卉株型较小，占地面积小，在相同的面积上能容纳的草本植物比木本植物多得多，从多样性的角度看，草本花卉更具现实意义。因此，对于多年生草本植物的培育研究与其在高速公路的运用与栽培是具有现实意义的。

草本植物是植物生态系统的重要组成成分，很多研究表明草本植物在增加物种多样性、涵养水源、水土保持、矿山复垦、改变林区小气候、维持生态系统稳定性等方面具有重要的生态功能。草本植物能适应各种不同的环境条件，可构成不同类型的自然地，在建筑物及道路附近又可构成各种装饰性人工地。同时，草本植物处于植物生态系统的下层，对周围环境较为敏感，因此，草本植物的生长状况和分布规律对整个植物生态系统具有指示作用，可以作为评价生态系统健康状况的重要指标。

第4章
辽宁高速公路发展情况

4.1 我国高速公路发展概述

我国的高速公路建设从20世纪80年代起步，由于受到国情和发展速度的限制，早期的公路建设对绿化的投入很小，众多被公路破坏的自然环境任其退化，或简单的使用工程技术加以防护。

20世纪90年代以后，高速公路的绿化开始受到重视，交通部先后制定了《公路建设项目环境影响评价规范（试行）》JTJ 005—96（1996年版）和《公路环境保护设计规范》JTJ／T 006—98（1998年一版）等行业标准，《公路绿化规范》也正在报批修改之中，这些规范对高速公路建设的生态环境保护、景观与绿化设计等做了原则性的规定，例如，"应充分调查沿线的工程地质、地形地貌、气候条件、植被种类及覆盖率、水土保持现状等，综合采用生物防护和工程防护措施，做好水土保持工作""应重视高速公路绿化设计，选用适合当地生长的花草、灌木、乔木等植物，对路堤边坡、弃土等进行绿化，防止水土流失"等。

依据交通运输部发布统计公报，截至2018年年底，我国高速公路总里程14.25万km，居世界第一，人们对于高速公路的要求也不仅仅停留高速快捷和安全畅通上，更关注的是如何打造"生态、环保、景观"的高速公路。

随着国家经济的快速发展，公路的建设也在不断加快步伐，公路的建设或多或少的会对周围的环境和大气环境带来一些影响，为了降低公路的建设对周围生态环境和大气环境的影响，公路的绿化和景观布局应运而生。

生态景观廊道思维并非以创造新地景生态图标作为解决的方式，而是基于环境共生概念，借由廊道的建立与道路形态改善，缩短人居环境和生物栖息地间环境的活动差异度，调和两区块空间重叠所衍生的问题，并建立彼此共存的生态廊道绿化模式。

对公路绿化理念和绿化模式的研究，可以更好地理解公路的绿化是怎样设计、施工与展现给世人的，也可以从根本上探究在公路绿化设计中出现的问题，并对公路建设后出现的问题进行弥补和给出一定的建议。同时研究公路绿化设计理论和模式，可以更好地做到取长补短，提取不同的公路绿化理念和绿化模式中优势部分，摒弃它们的不利部分，从而对不同绿化理念和绿化模式进行整合和优化，从而提出新的更具有实际工程实施价值的公路绿化理念和绿化模式，创新绿化理念和绿化模式，更好地将公路建设和环境保护与恢复之间的矛盾降到最低，更好地做到公路建设的可持续发展。

对公路绿化设计理念和模式的研究可以将实现公路的建设与周围环境保护和恢复有机统一和有机融合做得更好，把公路融合到周围的环境中，实现人类工程与自然环境的和谐，这对研究和实现公路的现实价值和长远价值、经济价值和环境价值都有重要意义。

通过推广地域化植物群落在路域景观中的应用，突出绿化景观的本土地域性、生态多样性、文化艺术性，对本土物种及适宜环境的非本地物种进行筛选，选择有景观应用潜力的木本及草本植物（能展现地域特色、具有地域景观标实性、外形具有吸引力、花期较长），使其在新道路景观的打造和现状道路景观的绿化升级中得到广泛应用。提升公路基础设施的功能及人文内涵，优化辽宁公路地方特色景观，结合辽宁目前已建、在建及计划建设公路情况，测试乡土植物在新建植物生态群落中的表现、测试植物生态群落在不同土壤介质上的表现、测试不同的播种途径及后期养护管理措施，选择关键物种建立道路绿化景观试验区，根据其实际运行情况，探索比较散播形式及育苗移栽形式的景观效果及周期成本，确定适用于辽宁省部分区域气候土壤环境的乔、灌、草植物名录（道路类型、土壤、降雨量、坡向），供省内未来的道路设计方案使用。在试验区建设前后，基于实验成果建立评价指标，分析并评价该项目的社会、环境、经济效益，形成的指标数据可以指导新建道路绿化设计。

4.2 国内外相关领域研究现状

4.2.1 国外研究现状

国外在道路景观的研究进程中，逐渐形成了一套比较完善的道路绿化法规。在他们的设计理念中，强调城市道路绿地景观应综合考虑景观的生态功能、美化功能、与周边环境的协调功能等，从而达到多方面的有机结合。突出对自然资源的开发与保护利用，充分利用自然环境景观，尽可能地降低公路建设对周围环境的视觉冲击，同时加强对环境的生态保护研究。在国外的道路景观规划中注重对历史遗产的保护、文化价值的体现、路域景观游憩功能的满足，充分考虑道路使用者的视觉感受，如植物选择及种植设计、色彩搭配、野生花卉的应用等，同时提倡公众参与到景观设计的全过程，加强对绿道的研究已成为当前的一个发展趋势。

从1932年德国建成世界上第一条高速公路至今，全世界已有近百个国家修建了高速公路。关于高速公路景观设计早在20世纪20年代初已经开始，与中国相比，欧洲各国在高速公路建设方面起步比中国早，发展较快，到现在欧洲各国公路从欧美各国的公路绿化形成和发展演变来看，可以发现，公路的绿化先后经历了道路畅通的维护、道路美化、环境保护、生态恢复等阶段。这为高速公路的建设规划和绿化规划提供了重要的借鉴经验和一定的指导。

在德国，高速公路的绿化十分注重对公路中间的分车带及公路两侧景观植物的选择，遵循了因地制宜的原则。其中高速公路在不同的自然地理环境、不同的地域、不同的区段，种植了不同品种的乔木、灌木和观赏草类等，使道路景观植物配置形式得到了相对较大的丰富。各种具有鲜明地域特色的植物及有所变化的配置形式的存在，不仅可以美化公路环境，使司机乘客人员消除疲劳、身心愉快，还可以使司机乘客人员根据植物群落的不同特征较轻松容易地分辨出所在的地域。因地制宜的种植原则，保证了各类植物具有较为适宜的生长环境，促其生长旺盛，极大地方便了道路景观绿化后期的养护管理。

英国伦敦到爱丁堡市的高速公路，一些公路穿过隧道时，设计师在隧道口及隧道顶部，通过种植当地的优势植物，有效地将公路与其所在的自然环境有机的连接在一起，使公路景观和其周围环境更为和谐统一。

法国对文化和历史的重视，使得他们在高速公路的建设中比较注重公路两侧休息设施的设置，较好地做到了将人类工程与自然环境和人文关怀协调相结合。同时，法国高速公路绿化着重公路不同区域的地域风土人情和地方特有风景的协调配置，如在公路沿线的服务区大面积种植景观乔和花草等。

在美国，公路绿化用低矮宽厚、有弹性且轻柔的树列替代了道路中央分隔带和公路两侧路肩出的金属栅栏，这些植被在起到分割道路作用的同时，可以吸收道路车辆产生的尾气和降低道路的扬尘。此外，还可以降低司机及乘客在发生车祸时受到的损伤。

在韩国，高速公路追求与大自然和谐，随着国民意识中"人与自然和谐"的观念逐渐加强，经济的高速发展和产业社会对环境造成的问题成为突出的矛盾。对裸露的地带补植与周边生态相和谐的自生树种，处理上力求自然。特别是进入20世纪90年代，在世界范围内对保护环境和生态平衡的问题呼声强烈。随着经济的发展，生活水平的提高，有闲时间和户外活动的增加，人们对高速公路附近的旅游观光点和运动设施感兴趣。因此道路造景中也开始考虑在公路沿线设置附属设施，如：大自然农园、民族村、高尔夫球场等。新建道路绿化理念的着眼点是道路功能的安全性和经济效益。

日本的高速公路中央分隔带基本不采用宽阔的绿化带，多为混凝土防护栏，既节约用地，又节省建设投资及后期养护成本。日本高速公路的服务区采用集约式建设理念集服务区及旅游观景等综合功能于一体充分利用有限空间，体现了节约用地、环保节能、以人为本、多功能等先进的设计理念。日本高速公路大量采用在紧靠坡口及路侧设置隔音屏的方法，替代了刺铁丝网、公路界碑等功能。同时，日本还研制高效护坡绿化固化剂及高效中性无机系列絮凝剂等新产品，可用于绿色环保公路边坡防护及污水处理等。

自20世纪70年代起，国外的公路绿化逐步开始注重生态保护和生态恢复。20世纪70年代以后，道路和环境问题共同被国际道路会议作为一个重要的议题提出，国外更加注重道路建设统筹环境保护。此外，在欧洲道路生态学也在快速成立和发展，国外的公路绿化实践和相关理论也逐步形成并推广，为公路境保护、生态恢复以及公路的整体设计和施工提供了科学策略和科学理论。

4.2.2 国内研究现状

1. 我国高速公路发展现状

我国的高速公路发展比西方发达国家晚近半个世纪的时间，从20世纪80年代末开始起步，经历了20世纪80年代末至1997年的起步建设阶段以及1998年和2008年至今的快速发展阶段。1988年10月，我国第一条高速公路——沪嘉高速公路建成通车，标志着我国高速公路建设的开始。沪嘉高速公路1984年12月开始动工，历时4年建成通车，沪嘉高速公路全长20.5km，设计时速120km，双向四车道，由上海市城市建设设计院设计，上海市市政工程管理局和嘉定区人民政府联合组成的沪嘉高速公路建设工程指挥部组织建设。1990年8月，沈大高速公路建成通车。沈大高速公路1984年6月开工建设，全长348km，双向四车道。1993年全长142km的京津塘高速公路建成通车，是我国第一条利用世界银行贷款建成的跨省高速公路。截至到1998年年底，我国高速公路通车里程达到8733km，居于世界第六位。1998年亚洲金融危机之后，我国高速公路进入了一个快速发展时期，截至2018年年底，我国高速公路总里程14.25万km，居世界第一。

2. 我国高速公路绿化现状

高速公路的建设是国家的大型基础设施建设，往往大兴土木，参与人员、车辆、机械众多，对当地的自然环境都是很大的威胁，对原本的地形地貌进行大规模地挖掘和填补，造成土壤沉积的变化、生态植被的变化、产生的工程垃圾对环境都是很大的威胁。

然而经历了近20年的发展，我国的高速公路建设从初期的单纯进行绿化美化，到现阶段强调环境协调，注重环境保护和生态恢复已日趋成熟。同时随着我国综合国力的不断提高和科技水平的进步，高速公路建设发展迅速。高速公路在为国民经济快速发展提供重要基础保障的同时，对生态环境造成了不可忽视的影响，高速公路在交通运营和维护的过程中会对自然环境和各种生态过程造成不同程度的影响，改变了原有的地貌和土地利用形式，引起了区域的景观格局变化，造成土地被占用、植被遭到破坏等生态环境问题。

高速公路景观具有很强的综合性，是多种要素相互作用、相互映衬的空间，而绿化是高速公路景观的重要组成要素，它能净化、改善空气质量，调节高速公路小气候；能够加固边坡，保持路基稳定性，防止水土流失；能够改善公路环境景观；能够防眩遮光、诱导视线，保证行车安全性；能够降低交通产生的噪音。因此，科学合理的绿化方式是提高高速公路景观效果、美化高速公路环境、恢复高速公路生态的有效手段。目前，高速公路植物景观的建设正在如火如荼地进行，很多高速公路的植物景观都从初期简单的只为绿化而绿化的阶段发展到美化绿化的科学绿化建设的阶段，相关的研究也开始向着满足生态效益与景观效益两方面要求的方向发展。

目前国内外关于高速公路影响的研究进展方面，主要集中在高速公路对生态环境、土地利用景观格局、经济发展的影响方面，另外，还有学者对于高速公路沿线土地节约集约用地及高速公路建设造成的土地破坏进行恢复等方面进行过相关的研究。一些研究机构和大专院校的研究人员也展开了大量高速公路绿化环保和生物防护等方面的研究，例如：被誉为我国"客土喷播第一人"的交通部科学研究院绿化环保专家杜鹃于20世纪90年代初便参与了从瑞士引进普通喷播技术，并成功运用于云南昆曲高速公路全线边坡，此后又致力于研究、推广该项技术和公路绿化环保的多方面课题。

但是，许多研究存在独立性强较强，缺乏统一、连续的交流与协作研究的问题，没有综合地为高速公路绿化建设服务，并且，从我国高速公路植物景观建设现状来看，见缝插绿、各地相互效仿的绿化现象较为严重，各地高速公路景观建设水平受到自然环境条件与经济发展水平的限制导致发展不平衡，南北方差异较大。我国北方地区由于气候寒冷，冬季冰雪较多，难以维持长久的植物景观，关于北方高速公路植物景观建设的相关研究与报道相对较少，缺乏有效的高速公路植物景观建设的理论体系。

3. 景观生态廊道在高速公路景观中的运用

目前，建立生态廊道已经应用于现代城市景观设计和规划中，但在高速公路景观设计中涉及的较少。

21世纪以来，中国的绿色廊道建设进入了快速发展时期，建设数量与速度均有大幅增长。据统计，截至2018年年底，我国高速公路总里程14.25万km，跃居世界第一。党的十八大报告首次明确建设美丽中国，并把生态文明建设放在了突出地位，这对绿色廊道的建设提出了更高的要求，因此在建设绿色廊道过程中融入生态规划思想，并以此指导绿色廊道规划设计，将成为必然趋势。

4. 我国高速公路景观生态廊道植物搭配相关研究

高速公路建设过程给生态环境带来的诸多不利影响是毋庸置疑的，对高速公路进行合理绿化不仅仅是为了美化环境、提升景观效果，更重要的是要改善高速公路环境、恢复植被、打造生态型高速公路景观。王元熙、满开言（1991）对边坡植被覆盖进行了研究，研究表明，当边坡的植被覆盖率大于75%时，即使在暴雨的情况下，也能使边坡侵蚀产生的泥沙量较裸地减少50%的程度。这说明边坡植被覆盖对于防止水土流失能起到很大的作用。王浩、赵岩（2000）探讨了如何在城市中创建森林生态型景观路，阐明了为实现城市环境可持续发展，创立森林生态型景观路的必要性及重要意义。青晓刚（2004）以四川成雅高速公路、成南高速公路为支撑，重点开展适宜四川及相同气候类型区公路边坡植物生长适应性、边坡植被营造技术、植物铅胁迫下的生理响应及构建路域人工植被恢复质量评价体系等高速公路生态修复相关内容的研究。王永安、王双生（2002）从生态位、生物多样性、群落学和景观生态学的角度，对公路绿地系统的生态位结构及功能植物，生物多样性的意义和应用方法，群落的合理结构与效益等，进行了阐述和论证，结合江苏公路绿化发展现状，就江苏公路绿地系统树种结构调整和绿地系统规划提出了建议和设想。赵警卫（2005）在对宁杭高速公路边坡生态防护进行深入研究的同时，又对其整体绿化景观模式进行了分析。从植物学、生态学、环境美学的角度，简要阐述了高速公路中分带、边坡、公路两侧等的绿化设计手法和植物配置模式。

如何建设合理的高速公路植物景观成为高速公路绿化建设研究的重点，高速公路绿地的各个组成部分如何进行植物景观配置也成为业内学者研究的热点。

刘丽（2004）对我国高速公路绿化中央分隔带及边坡的植物配置模式以典型实例进行了归纳和分析，对绿化植物配置中存在的两个主要问题进行了效果对比研究，并将理论与实践结合，进行南充绕城高速公路绿化实践。刘秀峰等（1999）提出将所有边坡区别开来，分别对待。在进入绿化施工之前，必须对特定地域的边坡结构、土壤概况、气候条件进行调查分析，在此基础上来选择物种，充分考虑乔、灌、藤、草的有机结合，进行合理的规划栽植，使之形成错落有致的特定路域景观。胡冬香（2003）针对湖南高速公路植物景观存在的问题，以长永高速公路为例，开展了绿化植物景观的结构、动态及人们的视觉感受等相关研究，选出了更多适生植物，并提出保持其可持续发展的对策，为湖南省高速公路绿化建设提供了新思路。

5. 国内对于高速公路景观生态廊道的设计局限

当前国内大多数高速公路的景观规划设计还停留在最基础的道路绿化部分，虽然能够满足现有的行车要求，但在整体性和生态性上仍有差距。设计者过分追求形式美，没有考虑以恢复自然景观为主要切入点，就从目前全国范围内各高速公路绿化现状可以看出，纯粹以绿化为主的高速公路建设已不能完全承载区域经济发展的需要和适应使用者日益提升的道路沿线景观诉求，也无法完全发掘出高速绿廊的潜力，因此将绿色廊道的规划思想融入高速公路建设是科学有效的方法。

目前，我国有关道路生态廊道设计方面的研究较少，并且多局限于对边坡生态恢复、植物群落配置、植物景观绿化设计、道路环境污染等方面，研究的深度和广度不够，专门从景观设计角度的研究就更少。在景观设计方面，国内大量研究集中在高速公路路体范围内的绿化设计上，其内容也仅局限于沿线边坡、中央分隔带、隔离栅等线形区域，以及服务区、立交区等点状区域，景观设计人员发挥作用的空间较小。而对于路域之外的景观，很少将其考虑进去，缺乏对路域之外景观与路体环境的协调性进行研究，导致道路景观设计脱离环境、景观破碎化，使已破坏的生态环境不能得到有效的恢复，自然生态系统遭到破坏。

4.2.3 辽宁省研究现状

辽宁省位于中国东北地区南部，辽宁地区属于北方寒冷地区，气候特点主要表现在热量资源较少，四季分明，雨热同期，冬季漫长而寒冷，夏季炎热多雨，春季秋季相对短促而温凉，昼夜温差较大等方面独特的地理气候特征导致生物生长期较短，生态系统相对脆弱。现阶段公路绿化植被选择较为单一，植物品种贫乏，空间配置形式单调，绿化设计处于传统园林景观设计手法，人工痕迹较重，与国际水平以及人们对自然生态环境日益提高的要求相比较，我们还存在一定差距，要进一步提高绿化质量，做到与周边环境协调、融合，创造和谐自然生态环境与景观效果。

1. 我省高速公路绿化工程的现状

近年来辽宁省交通事业高速发展，省内已通车高速公路接近4200km，已形成相对稳定的绿化模式，一套具有辽宁特色的公路绿化景观初具规模。在此基础上我们可利用新技术对公路绿化进行景观以及生态上的提高，进一步提高绿化质量，做到与周边环境协调、融合，创造和谐自然生态环境与景观效果。同时在公路绿化美观的基础上予以提升，主要包括功能优化（比如服务区及其景观）、人文内涵提升（建筑形式、视觉空间尺度、色彩、地域特征符号等）。

随着国家对生态环境关注力度的加大以及我省对高速公路绿化工程投入的不断增加，高速公路绿化工程由每千米最初阶段的10万元发展到现阶段的50万元。我省高速公路的绿化工程，也越发受到各级领导的重视，从原来的粗放式管理，发展到现阶段的集约式管理，苗木品种由原来的简单单一，到如今的丰富多彩，种植的层次也由原来的单层，发展到现在的多层次栽植。同时相关部门重视苗木的成活率，采用多项施工技术以提高苗木成活率，对绿化施工中的各项技术措施都做到重点督促及检查。

在高速公路的建设过程中，绿化工程越来越引起建设单位的高度重视，绿化工程的作用不仅是在晚上高速行驶的时候不会被对面的车辆大灯照到眼睛，能保证行车安全，还能保持水土的生态平衡，防止高速公路填、挖方段的边坡、隧道洞口等因天气等自然原因引起的滑坡及坍塌现象，使其较快地达到稳定，保持高速公路的通车安全。同时绿化工程又能使公路景观与自然景观相互协调，并能够长期保持生态系统的平衡，可以改善司机的驾驶心情，缓解司机的视觉疲劳，减少交通事故的发生，还可以吸收路面的灰尘以及汽车的尾气。因此，绿化工程的好与坏，不但直接影响司机的行车安全，而且对保持高速公路的周边水土和生态平衡至关重要。但虽然我省高速公路绿化工程取得了丰硕的成果，但是在施工过程中也遇到了各种各样的问题，通过不断的总结，我们发现了影响绿化工程质量的主要因素，这些质量问题的产生与绿化的设计、施工及施工结束后的后期养护有着密切的关系。

2．我省高速公路景观设计的现状

辽宁省高速公路景观绿化工程，伴随着高速公路建设，发展历程主要也经历了以下几个阶段：

探索实验阶段（2005年前）：代表线路：沈大、沈四、沈丹等阶段；特点为探索各种植物品种适应性、各结构部的种植形式、各种景观模式。

模式推广阶段（2005—2012年）代表线路：沈吉、铁朝、辽宁中部环线等；阶段特点：我省高速公路建设进入快速发展期，景观绿化进入了"模式应用期"。在对第一阶段所取得的经验总结归纳的基础上，针对高速公路绿化的各个结构部位，逐步形成了相应的绿化模式。

特色创新阶段（2012—2014年）代表线路：机场路、丹通、绕城高速等；阶段特点：突出特色，融合自然，塑造亮点，突出针对性，注重生态性，体现代表性。

生态创新阶段（2015年至今）代表线路：京沈（新）、沈四（新）、铁抚本高速等；阶段特点：从宏观角度考虑环境整体承载能力，推动绿色低碳循环的发展方式，开展生态创新。

辽宁省高速公路景观绿化工程，通过30年高速公路绿化建设，形成了自己的绿化模型与景观特色。随着时代的发展，国家对高速公路景观绿化及环境保护提出了更高的要求，作为设计者，我们应对原有设计进行深入总结，从宏观角度考虑环境整体承载能力，推动绿色低碳循环的发展方式，提升设计水平，开展生态创新，最终实现"辽宁高速——风景满路"的核心理念。

在高速公路景观设计中如何处理好经济快速发展与环境保护之间的关系，是尤为重要的，作为发展中国家不能以牺牲自然环境为代价，过度开发，劳民伤财，最后还会受到自然的惩罚。因此我们对于高速公路的要求不应该仅仅停留高速快捷和安全畅通上，更要关注的是如何打造"生态、环保、景观"的高速公路。

基于多年生草本植物群落技术，学习借鉴国内外已有的成功经验，从生态景观的目标出发，对高速公路生态景观廊道的形成、影响因素、体系构建及维护方法进行综合研究，目前理论条件基本具备，但缺乏实践操作，个别路段中分带、填方坡脚、挖方段、立交区、服务区和隧道分离式绿地存在绿化空白，有必要进行完善和优化设计，以提高景观效果。

4.3 辽宁省高速公路沿线景观概况

4.3.1 京哈高速公路

京哈高速公路（辽宁段）起于葫芦岛市绥中县万家镇，与河北省交界，止于铁岭市昌图县毛家店镇，与吉林省交界，全长549.386km，由沈山高速、沈阳绕城高速北环和沈四高速组成，途经葫芦岛、锦州、盘锦、鞍山、沈阳、铁岭6个地级市和14个县（市）区，分别由葫芦岛、锦州、盘锦、沈阳、桃仙和铁岭6个分公司管养。道路沿线分别与兴建高速、丹锡高速、阜锦高速、阜营高速、辽中环线高速、灯辽高速、沈阳绕城高速、西开高速、平康高速9条高速公路相交，其中与沈阳绕城高速相交重复的部分30.036km。

中央分隔带原大墩灌木已修剪为绿篱形。由于车辆肇事、冻害、盐害、植物适应性较差等因素，目前有部分段落出现长势不良的现象，其中丹桧尤为严重。填方段坡面紫穗槐长势良好，护坡作用明显；坡脚杨树由于火烧等原因，出现部分死亡现象。挖方段亚乔仅有少量存活，灌木球长势较好，已形成大墩灌木。立交区和服务区杨树、柳树、刺槐外长势良好，体量较大。个别围合区存在绿化空白。整体绿化效果较差，绿量低。两省交界处由于辽宁与河北交界处车流量极大，万家收费站至交界处也将成为较为完善提升绿化效果重要节点，如图4-1所示。

图4-1 京哈高速公路景观带
（a 葫芦岛路段立交绿化；b 挖方段混凝土护坡；c 万家收费站单一植被；d 光辉立交区较丰富植被）

4.3.2 沈海高速公路

沈海高速（辽宁段）起于辽宁省沈阳市，止于大连市旅顺口，全长399.272km，由沈大高速、沈大丹大连接线和土羊高速组成，途经沈阳、辽阳、鞍山、营口、大连5个地级市和14个县（市）区，分别由桃仙、辽阳、鞍山、营口和大连5个分公司管养。道路沿线分别与沈阳绕城高速、灯辽高速、辽中环线高速、丹锡高速、庄盖高速、皮炮高速、大窑湾疏港高速、鹤大高速8条高速公路相交。沈海高速公路绿带整体景观较好。

中央分隔带植被丰富，种植连续，形成较好的带状景观。填方段植物防护已形成规模，对路基的防护效果十分明显，景观效果极为突出；坡脚乔木与刺线外大面积杨树林已基本相容，仅个别段落由于春季火烧和病虫害等因素出现缺失。挖方段挡土墙栽植油松和绿篱，品种为丁香、连翘、白榆等；坡面紫穗槐和火炬，部分路段点缀栽植丁香、皂角、刺槐和地锦；二级及以上平台：栽植地锦。立交区植物大多长势良好，体量较大。但由于建成时间较长，原有植物组团不明显，视觉景观较为混乱，且个别分区原设计为疏林草地模式，存在可以补植和提高景观效果的空间。沈大线服务区大多占地面积较大，可绿化空间充足，前期设计标准高，后期养护力度较大，整体效果突出，可完善部位

图4-2 沈海高速公路景观带
(a 中央分隔带连续低矮灌木; b 成片杨树林; c 隧道处土壤裸露山体; d 立交区丰富的植被群落)

较少。根据现场实地考察，仅复州河、甘泉服务区主线两侧和贯穿车道旁的带状绿化区域。隧道绿化由于施工监管和养护不足，现在效果相对较差，如图4-2所示。

4.3.3 沈吉高速公路

沈吉高速（辽宁段）止于抚顺市清原满族自治县草市镇，全长160.355km，由抚南高速、草南高速组成，途经抚顺、沈阳2个地级市和6个县（市）区，由东陵分公司管养。道路沿线分别与沈阳绕城高速、抚通高速等2条高速公路相交。

填方段坡面紫穗槐长势良好，护坡作用明显；坡脚乔木由于火烧等原因，出现部分死亡现象。挖方段坡脚宽度小于1.5m时栽植绿篱，大于1.5m时栽植灌木球；草南段坡脚栽植油松、京桃和灌木绿篱结合草坪或花卉的方式。立交区落叶松产业林效果较差，风景林原有植物大多长势良好，个别区域有少量空白。服务区目前整体绿化效果较差，绿量低，应作为此次提升设计的重点考虑。隧道绿化整体较好，仅个别区域缺少植被，如图4-3所示。

图4-3 沈吉高速公路景观
(a 杨树林带；b 抚顺服务区绿量较低；c 挖方处野花群落；d 南杂木立交区单一的草甸景观)

4.3.4 长深高速公路

长深高速（辽宁段）起于辽宁省沈阳市康平县，与内蒙古交界，止于朝阳凌源市，与河北省交界，全长475.189km，由沈康高速三期、沈康高速一期、铁朝高速组成，途经沈阳、阜新、朝阳3个地级市和13个县（市）区，分别由沈北、阜新、朝阳、凌源4个分公司管养。沿线分别与沈康高速、新鲁高速、阜营高速、阜锦高速、丹锡高速5条高速公路相交。

填方段坡面以紫穗槐和小火炬为主，现已形成规模，对路基的防护效果十分明显，景观效果极为突出；填方段坡脚以杨树为主，仅个别段落由于春季火烧和病虫害等因素出现缺失。挖方段坡脚平台为暗排边沟，具有绿化条件，原有油松及绿篱死亡。挖方段坡面较少，基本集中于彰武至阜新地区，多为半风化岩碎石坡面。立交区植物杨树、柳树、刺槐外长势良好，体量较大。油松、火炬及少量五角枫，存在较多绿化空白。服务区绿化：服务区目前整体绿化效果较差，距离前期设计效果差距较大，绿量较低，如图4-4所示。

图4-4 长沈高速公路景观
（a 植物群落；b 半风化岩碎岩石坡面；c 阜新服务区单调的植被；d 高速公路沿线绿地）

4.3.5 丹锡高速公路

丹锡高速（辽宁段）起于辽宁省丹东市，辽宁段止于朝阳市建平县，与内蒙古交界，全长502.469km，由丹海高速、盘海高速、沈山高速、锦朝高速和朝黑高速组成，途经丹东、鞍山、营口、盘锦、锦州、朝阳6个地级市和13个县（市）区，分别由丹东、鞍山、营口、盘锦、锦州、朝阳6个分公司管养。道路沿线分别与鹤大高速、沈海高速、京哈高速、阜营高速、长深高速5条高速公路相交，其中重复京哈高速沈山段74.665km。

填方段坡面为紫穗槐护坡，坡脚栽植两排杨树。坡面紫穗槐长势良好，护坡作用明显；坡脚杨树由于火烧等原因，出现部分死亡现象。挖方段全线坡脚平台暗排边沟，采用油松结合绿篱的绿化方式。目前植株生长不良，整体绿化效果较差。立交区为景观林结合花灌木。立交区原设计植物长势良好。服务区目前整体绿化效果较差，绿量低。隧道绿化整体效果一般，植物长势不良。部分隧道目前存在绿化空白区域，如图4-5所示。

图4-5　丹锡高速公路景观
（a 桃花吐服务区；b 朝阳路段护坡绿带；c 大窑沟隧道出口；d 大窑沟3号出口土壤裸露山体）

4.3.6　锦阜高速公路

锦阜高速起于阜新细河区四合镇，止于锦州凌海市双羊镇，全长约119.13km，均在辽宁境内。该路是国家高速公路网中长深高速G25的三条联络线中的一条，途经阜新、锦州2个地级市和5个县（市）区，分别由阜新、锦州2个分公司管养。道路沿线分别与长深高速、京哈高速沈山线等2条高速公路相交。

填方段坡面为紫穗槐护坡，坡脚栽植两排刺槐或杨树。长势良好，不需补植。立交区为景观林结合花灌木。立交区初始设计植物长势良好。服务区目前整体绿化效果较好，如图4-6所示。

4.3.7　辽中环线高速公路

辽中环线高速起点为本溪市平山区桥头镇，止于本溪市明山区高台子镇，全长约375km，是国家高速公路网中一条连接辽宁中部环沈阳周边城市的地区环线高速公路，是这一地区城市群之间的重要通道。辽中环线高速由本辽辽段、辽新段、新铁段和在建的铁本段组成，途经本溪、辽阳、沈阳、铁岭和抚顺5个地级市和12个县（市）区，分别由本溪、辽阳、沈阳、沈北、铁岭、

图4-6 锦阜高速公路景观
（a 填方路段刺槐植被；b 义县服务区混凝土嵌草护坡；c 收费站单一草坪；d 明字屯立交丰富植被）

东陵6个分公司管养。已开通的256.149km路段沿线分别与丹阜高速、沈海高速、京哈高速沈山线、新鲁高速、沈康高速、京哈高速沈四线、沈吉高速7条高速公路相交。

填方段坡面以紫穗槐和小火炬为主，现已形成规模，对路基的防护效果十分明显，景观效果极为突出；填方段坡脚以杨树为主，仅个别段落由于春季火烧和病虫害等因素出现缺失。挖方段坡脚平台暗排边沟，采用油松结合绿篱的绿化方式。目前植株生长不良，整体绿化效果较差。建议补植绿篱并在挡墙前栽植上爬三叶地锦，覆盖挡土墙。挡墙后为栽植灌木绿篱。坡面绿化覆盖水平较高，基本能够覆盖边坡表面。立交区植物杨树、柳树、刺槐外长势良好，体量较大。油松、火炬及少量五角枫、其余品种乔木基本全部死亡。服务区目前整体绿化效果较差，绿量低。隧道绿化整体效果一般，植物长势不良。部分隧道目前存在绿化空白区域。

4.3.8 鹤大高速公路

鹤大高速（辽宁段）起于本溪市桓仁县拐磨子镇，与吉林省交界，止于大连市甘井子区大连湾街道，全长485.68km，由丹通高速、丹庄高速、丹大高速、大庄西段、沈大丹大连接线和沈大高速大连段组成，途经本溪、丹东、大连3个地级市和11个县（市）区，分别由桓仁、宽甸、丹东、金普和大连5个分公司管养。道路沿线分别与桓永高速、丹阜高速、丹锡高速、庄盖高速、皮炮高速、大窑湾疏港高速、沈海高速7条高速公路相交。

填方段坡面已紫穗槐和小火炬为主，现已形成规模，对路基的防护效果十分明显，景观效果极为突出；填方段坡脚以杨树为主，与刺线外大面积杨树林已基本相容，仅个别段落由于春季火烧和病虫害等因素出现缺失。丹东至庄河挖方段坡脚平台为暗排，采用灌木绿篱、阔叶乔木和绿篱结合云杉组合。植物生长良好。坡脚平台为明排边沟。沈丹高速挡墙后分别为栽植油松、阔叶乔木、灌木绿篱及无绿化被坡面植物覆盖多种情况。坡面绿化覆盖水平较高，基本能够覆盖边坡表面。丹东大连地区降雨量大，植物生长繁茂、坡面覆盖度较高，整体效果较好。立交区目前保有植物长势良好，体量较大，内边坡栽植无芒雀麦护坡效果良好，立交整理绿化效果较好。部分立交围合区存在绿化空白，如城子坦等四处立交区。庄河至大连段刺线外由大连市地方政府进行绿化，植物品种多样，但并未完全连续。丹东境内刺线外地方未进行绿化，如图4-7所示。

图4-7 鹤大高速公路景观
（a 覆盖率较高的山体；b 某路段填方段混凝土护坡；c 明排边沟的坡脚平台；d 挡土墙边角绿篱带）

4.3.9 丹阜高速公路

丹阜高速（辽宁段）起点为丹东市元宝区古城村，止于新民市城郊乡巨流河村，全长约295km，均在辽宁境内。该路是国家高速公路网中鹤大高速G11的三条联络线中的一条，由沈丹高速、沈阳绕城高速、沈彰高速组成，途经丹东、本溪、沈阳3个地级市和13个县（市）区，分别由丹东、本溪、桃仙、沈阳等4个分公司管养。已开通的295.221km路段沿线分别与鹤大高速、辽中环线高速、沈阳绕城高速、沈海高速、京哈高速沈山线5条高速公路相交，其中与沈阳绕城高速相交重复的部分为37.522km。

填方段填方段坡面已紫穗槐和小火炬为主，现已形成规模，对路基的防护效果十分明显，景观效果极为突出；填方段坡脚以杨树为主，与刺线外大面积杨树林已基本相容，仅个别段落由于春季火烧和病虫害等因素出现缺失。沈丹高速挡墙后分别为栽植樟子松、灌木绿篱及无绿化被坡面植物覆盖三种情况。坡面绿化覆盖水平较高，基本能够覆盖边坡表面。立交区目前保有植物长势良好，体量较大，内边坡栽植无芒雀麦护坡效果良好，立交整理绿化效果较好。服务区目前整体绿化效果较差，绿量低。隧道绿化整体效果较好，植物长势较好，如图4-8所示。

图4-8 丹阜高速公路景观
（a 绿量较高的山体护坡；b 明渠边沟旁连续的种植池；c 挖方路段大面积乔木植被；d 隧道植被景观）

第5章

辽宁高速公路生态景观廊道控制体系

对全省公路景观进行生态景观评估及植被类型调查，在掌握以及分析资料的基础上对路域景观进行生态廊道区划（包括廊道走向、控制点、走廊的长度及宽度、特殊地质地段等），分析物种构成及分布特征，通过生态学及物种多样性的理论手段，对路域生物群落进行修复，并做动态演替预测。

5.1 辽宁植被区划

辽宁位于我国的东北地区，各地气候条件差异明显，植被条件变化复杂。结合地理、气候和植被等自然条件差异及经济发展的不平衡局面，依据地理位置、大地貌、地带性气候特征和植物分布区系可将辽宁省分为四大区域：辽宁西北山地温带半湿润半干旱地区（包括阜新、朝阳、锦州、葫芦岛四市），辽宁中部辽河平原地区（包括沈阳、辽阳、营口、盘锦），辽宁南部半岛暖温带湿润地区（包括鞍山、丹东、大连），辽宁东部山地温带湿润地区（包括铁岭、抚顺、本溪）。

5.1.1 辽宁西北山地温带半湿润半干旱地区

1. 自然条件

由东北向西南走向的努鲁儿虎山、松岭、黑山、医巫闾山组成。山间形成河谷地带，大、小凌河发源地并流经于此，山势从北向南由海拔1000m向300m丘陵过渡，北部与内蒙古高原相接，南部形成海拔50m的狭长平原，与渤海相连，其间为辽西走廊。全年平均气温在8~9.3℃之间，最高气温零上32℃，最低气温-23℃，降水量在400mm左右，是全省降水最少的地区。属温带半干旱季风区，因地处内陆，受下垫面的影响，具有明显的大陆性气候及沙地气候特征。

2. 主要绿化植物

1）大乔木类：红皮云杉（*Picea koraiensis*）、白杆云杉（*Picea meyeri*）、青杆云杉（*Picea wilsonii*）、樟子松（*Pinus sylvestris* var. *mongolica*）、油松（*Pinus tabuliformis*）、侧柏（*Platycladus orientalis*）、银杏（*Ginkgo biloba*）、银

白杨(*Populus alba*)、新疆杨(*Populus alba* var. *pyramidalis*)、小黑杨(*Populus* × *xiaohei* T.S.Hwang et Liang)、旱柳(*Salix matsudana*)、蒙古栎(*Quercus mongolica*)、馒头柳(*Salix matsudana* var. *matsudana* f. *umbraculifera*)、榆树(*Ulmus pumila*)、山桃(*Amygdalus davidiana*)、紫叶李(*Prunus cerasifera*.)、山杏(*Armeniaca sibirica*)、刺槐(*Robinia pseudoacacia*)、国槐(*Sophora japonica*)、龙爪槐(*Sophora japonicavar. japonica* f. *pendula*)、白蜡(*Fraxinus chinensis*)、五角枫(*Acer mono*)、暴马丁香(*Syringa reticulata*)、核桃楸(*Juglans mandshurica*)、栾树(*Catalpa ovata*)等。

2)灌木类：沙地柏(*Sabina vulgaris*)、紫穗槐(*Amorpha fruticosa*)、火炬树(*Rhus typhina*)、丁香(*Syringa oblata*)、大花水亚木(*Hydrangea paniculata*)、珍珠绣线菊(*Spiraea thunbergii*)、黄刺玫(*Rosa xanthina*)、红刺玫(*Rosa multiflora* var. *cathayensis*)、树锦鸡儿(*Caragana arborescens*)、沙棘(*Hippophae rhamnoides*)、黄栌(*Cotinus caggygria*)、茶条槭(*Acer ginnala*)、连翘(*Forsythia suspensa*)、锦带花(*Weigela florid*)、鸡树条荚迷(*Viburnum opulus* var. *colvescens*)、金叶榆(*Ulmus pumila* cv. *jinye*.)、水蜡(*Ligustrum otusifolium*)、榆叶梅(*Amygdalustriloba ricker*)等。

3)地被草花类：无芒雀麦(*Bromus inermis*)、高羊茅(*Festuca elata*)、草地早熟禾(*Poa pratensis*)、金鸡菊(*Coreopsis drummondii*)、马蔺(*Iris* var. *chinensis*)、萱草(*Hemerocallis fulva*)、波斯菊(*Cosmos bipinnata*)、三七景天(*Sedum aizoon*)等。

5.1.2 辽宁中部辽河平原温带湿润地区

1. 自然条件

地势大体是东高中低、北高南低、西部稍高，由北向南缓泻形成的辽河平原。属温带季风型大陆性气候。全年日照为2700小时左右，年平均降雨量为700mm左右，年平均气温6.8℃，最低气温-31℃，最高气温34.4℃，封冻期150天左右，无霜期127~162天。全年四季分明，雨量适中，适宜多种作物生长。

2. 主要绿化植物

1)大乔木类：长白落叶松(*Larix olgensis*)、银杏(*Ginkgo biloba*)、

沙冷杉（*Abies holophylla*）、红皮云杉（*Picea koraiensis*）、白杆云杉（*Picea meyeri*）、青杆云杉（*Picea wilsonii*）、樟子松（*Pinus sylvestris* var. *mangolica*）、油松（*Pinus tabuliformis*）、圆柏（*Abies holophylla*）、核桃楸（*Juglans mondshurica*）、枫杨（*Pterocarya stenoptera*）、银中杨（*Populus alba*）、新疆杨（*Populus alba* var. *pyramidalis*）、旱柳（*Salix matsudana*）、绦柳（*Salix matsudana* var. *matsudana*）、蒙古栎（*Quercus mongolica*）、榆树（*Ptelea trifoliata*）、山楂（*Crataegus pinnatifida*）、秋子梨（*Pyrus ussuriensis*）、山桃（*Amygdalus davidiana*）、山杏（*Armeniaca sibirica*）、紫叶稠李（*Padus virginiana* 'Canada Red'）、山皂角（*Gleditsia microphylla*）、刺槐（*Robinia pseudoacacia*）、国槐（*Sophora japonica*）、龙爪槐（*Sophora japonica* var. *japonica*）、黄檗（*Phellodendron amurense*）、火炬树（*Rhus typhina*）、五角枫（*Acer mono*）、栾树（*Koelreuteria paniculata*）、梓树（*Catalpa ovata*）、暴马丁香（*Syringa reticulata*）、水曲柳（*Fraxinus mandschurica*）、白蜡（*Fraxinus chinensis*）、核桃楸（*Juglans mandshurica*）、栾树（*Catalpa ovata*）等。

2）灌木类：紫穗槐（*Amorpha fruticos*）、太平花（*Philadelphus pekinensis*）、大花水亚木（*Hydrangea paniculata*）、珍珠绣线菊（*Spiraea thunbergii*）、红瑞木（*Swida alba*）、连翘（*Forsythia suspensa*）、紫丁香（*Syringa oblata*）、水蜡（*Ligustrum obtusifolium*）、锦带花（*Weigela florida*）、沙棘（*Hippophae rhamnoides*）、接骨木（*Sambucus williamsii*）、鸡树条荚蒾（*Viburnum opulus* var. *calvescens*）、榆叶梅（*Amygdalus triloba*）、茶条槭（*Acer ginnala*）、红刺玫（*Rosa multiflora* var. *albo-plena*）、五叶地锦（*Parthenocissus quinquefolia*）等；

3）地被草花类：无芒雀麦（*Bromus inermis*）、高羊茅（*Festuca elata*）、草地早熟禾（*Poa pratensis*）、金鸡菊（*Coreopsis rummondii*）、马蔺（*Iris lactea* var. *chinensis*）、萱草（*Hemerocallis fulva*）、黑心菊（*Rudbeckia hirta*）、丛生福禄考（*Phloxsubulata*）等。

5.1.3 辽宁南部半岛暖温带湿润地区

1. 自然条件

辽南地区位于辽东半岛，东北与长白山毗连。个别高峰海拔1000m以上（最高的步云山1131m），大部为低山、丘陵。沿海分布有海蚀阶地和冲积平原。属于北半球的暖温带地区，具有海洋性特点的暖温带大陆性季风气候，冬无严寒，夏无酷暑，四季分明。年平均气温10.5℃，最低气温-25℃，最高气温34.4℃。年降水量550~950mm，全年日照总时数为2500~2800小时，封冻期120天左右。

2．主要绿化植物

1）大乔木类：银杏（Ginkgo biloba）、白杆云杉（Picea meyeri）、青杆云杉（Picea wilsonii）、樟子松（Pinus sylvestris var. mongolica）、油松（Pinus tabuliformis）、圆柏（Abies holophylla）、雪松（Cedrus deodara）、龙柏（Sabina chinensis）、核桃楸（Juglans mandshurica）、银中杨（Populus alba）、天女木兰（Magnolia sieboldii）、新疆杨（Populus alba var. pyramidalis）、旱柳（Salix matsudan）、绦柳（Salix matsudana var. matsudana）、辽东栎（Quercus wutaishanica）、榆树（Ptelea trifoliata）、合欢（Albizia julibrissin）、法国梧桐（Platanus orientalis）、紫椴（Tilia amurensis）、秋子梨（Pyrus ussuriensis）、紫叶李（Prunus cerasifera）、稠李（Padus racemosa）、山皂角（Gleditsia microphylla）、刺槐（Robinia pseudoacacia）、国槐（Sophora japonica）、龙爪槐（Sophora japonica）、黄檗（Phellodendron amurense）、火炬树（Rhus typhina）、五角枫（Acer mono）、臭椿（Ailanthus altissima）、栾树（Koelreuteria paniculata）、梓树（Catalpa ovata）、水曲柳（Fraxinus mandschurica）、白蜡（Fraxinus chinensis）等。

2）灌木类：紫穗槐（Amorpha fruticosa）、大花水亚木（Hydrangea paniculata）、珍珠绣线菊（Spiraea thunbergii）、红瑞木（Swida alba）、连翘（Forsythia suspensa）、紫丁香（Syringa oblata）、水蜡（Ligustrum obtusifolium）、紫叶小檗（Berberis thunbergii var. atropurpurea）、大叶黄杨（Buxus megistophylla）、朝鲜黄杨（Buxus microphylla var. koreana）、木槿（Hibiscus syriacus）、黄栌（Cotinus coggygria）、榆叶梅（Amygdalus triloba）、茶条槭（Acer ginnala）、女贞（Ligustrum lucidum）、胶东卫矛（Euonymus kiautschovicus）、金山绣线菊（Spiraea japonica gold mound）、金焰绣线菊（Spiraea japonica gold mound）、红刺玫（Rosa multiflora var. albo-plena）、五叶地锦（Parthenocissus quinquefolia）等；

3）地被草花类：无芒雀麦（Bromus inermis）、高羊茅（Festuca elata）、草地早熟禾（Poa pratensis）、金鸡菊（Coreopsis drummondii）、马蔺（Iris lactea pall. var. chinensis）、萱草（Hemerocallis fulva）、黑心菊（Rudbeckia hirta）、白三叶（*Trifolium repens* ）、紫花苜蓿（*Medicago sativa* ）、三七景天（*Sedum aizoon* ）、丛生福禄考（*phloxsubulata* ）等。

5.1.4 辽宁东部山地温带湿润地区

1．自然条件

辽东地区呈东高西低之势。东部和南部山峦起伏，森林茂密。属长白山系龙岗山脉，平均海拔为400～500m。北部山势低平，为丘陵地带，西部为浑河冲积平原，海拔为100～300m之间。本区属北温带季节风性大陆气候，一年四季分明，气候宜人，雨量充沛，年均气温7℃，1月均温-13.6℃，7月均温23.6℃。年降雨量在760～870mm，年均降水量为804.2mm，无霜期150天左右。

2．主要绿化植物

1）大乔木类：银杏（*Ginkgo biloba*）、长白落叶松（*Larix olgensis*）、日本落叶松（*Larix kaempferi*）、沙松冷杉（*Abies holophylla*）、红皮云杉（*Picea koraiensis*）、白杆云杉（*Picea meyeri*）、青杆云杉（*Picea wilsonii*）、油松（*Pinus tabuliformis*）、圆柏（*Abies holophylla*）、核桃楸（*Juglans mandshurica*）、银中杨（*Populus alba*）、新疆杨（*Populus alba* var. *pyramidalis*）、旱柳（*Salix matsudana*）、绦柳（*Salix matsudana* var. *matsudana*）、辽东栎（*Quercus wutaishanica*）、榆树（*Ptelea trifoliata*）、山楂（*Crataegus pinnatifida*）、山梨（*Pyrus ussuriensis*）、山桃（*Amygdalus davidiana*）、紫叶李（*Prunus cerasifera*）、稠李（*Padus racemosa*）、山皂角（*Gleditsia microphylla*）、刺槐（*Robinia pseudoacacia*）、国槐（*Sophora japonica*）、龙爪槐（*Sophora japonica* var. *japonica*）、黄檗（*Phellodendron amurense*）、火炬树（*Rhus typhina*）、元宝枫（*Acer truncatum*）、五角枫（*Acer mono*）、栾树（*Koelreuteria paniculata*）、梓树（*Catalpa ovata*）、水曲柳（*Fraxinus mandschurica*）、白蜡（*Fraxinus chinensis*）等。

2）灌木类：紫穗槐（*Amorpha fruticosa*）、沙地柏（*Sabina vulgaris*）、大花水亚木（*Hydrangea paniculata*）、天女木兰（*Magnolia sieboldii*）、珍珠绣线菊（*Spiraea thunbergii*）、红瑞木（*Swida alba*）、雪柳（*Fontanesia fortunei*）、暴马丁香（*Syringa reticulata*）、连翘（*Forsythia suspensa*）、紫丁香（*Syringa oblata*）、水蜡（*Ligustrum obtusifolium*）、锦带花（*Weigela florida*）、鸡树条荚蒾（*Viburnum opulus* var. *calvescens*）、榆叶梅（*Amygdalus triloba*）、

茶条槭（*Acer ginnala*）、胶东卫矛（*Euonymus kiautschovicus*）、迎红杜鹃（*Rhododendron mucronulatum*）等；

3）地被草花类：无芒雀麦（*Bromus inermis*）、高羊茅（*Festuca elata*）、草地早熟禾（*Poa pratensis*）、金鸡菊（*Coreopsis drummondii*）、马蔺（*Iris lacteal* var. *chinensis*）、萱草（*Hemerocallis fulva*）、黑心菊（*Rudbeckia hirta*）、丝兰（*Yucca smalliana*）、丛生福禄考（*Phloxsubulata*）、鸢尾（*Iris tectorum*）、三七景天（*Sedum aizoon*）、波斯菊（*Cosmos bipinnatus*）等。

5.2 高速公路景观廊道架构

5.2.1 建立高速公路生态廊道的必要性

廊道，指景观中与相邻两侧环境不同的线与带状结构，是景观唯一的线性要素，是不同于两侧相邻土地的一种特殊的带状要素类型，不仅起到运输的作用，还具有保护功能。常见的廊道包括农田间的防风林带、河流、道路、峡谷、输电线路等。生态廊道是指具有保护生物多样性、过滤污染物、防止水土流失、防风固沙、调控洪水等生态服务功能的廊道类型。生态廊道包括三种基本类型：线状生态廊道、带状生态廊道和河流廊道。建立生态廊道是景观生态规划的重要方法，是解决当前人类活动造成的景观破碎化以及随之而来的众多环境问题的重要措施。目前大多数的研究重点放在城市规划中生态廊道的研究上，更多地关注人类活动密集的城市，在公路的景观规划中较少涉及生态廊道。高速公路大多穿越人流较少的村庄，对人类短期的影响不是很大，但是从长远看，高速公路建设对生态的破坏会影响整个环境。

由于高速公路是大型线形工程，其线形往往受到高速公路建设各项指标的限制。涉及的生境往往包含边缘生境、完整的带状生境，高速公路生态廊道的设计应该区别对待。带状走廊往往出现在高山重丘区。由于带状走廊包含有更宽的内部生境，具有完整的群落功能而且走廊具有很大面积，使其自身具有斑块动态。高速公路在建设过程中应该根据实际情况，充分地利用现有的带状生态走廊利用以桥隧替代路基通过的方式，或者利用桥梁和隧道交替布设的方法，确保生境的完整性或者保留现有的带状生境走廊带。

5.2.2　高速公路生态廊道涉及的关键因素

在高速公路建设中，景观绿化不能只为了视觉而绿化，要充分考虑生态廊道的功能和作用。本课题研究分析高速公路的生态廊道，旨在引起人们对高速公路带所引发的生态问题的重视，同时能够将景观绿化的重点转向生态效应，不应过度考虑美化效应。并且应将生态廊道的研究提前至工程可行性研究阶段，特别注意高速公路建设涉及一些自然保护区、水源保护区、森林、湿地及野生生物栖息地等环境敏感区域，应对生态廊道的关键因素做充分调查和分析，建设宽度适宜、连接度好，物种构成丰富的生态廊道。生态廊道涉及的关键因素有数目、本底、宽度、连接度、构成、关键点（区）等。本课题架构重点考虑以下三方面：

1．高速公路生态廊道的宽度

生态廊道的宽度对廊道生态功能的发挥有着极大的影响。过窄的廊道会对物种不利，还会降低廊道过滤污染等能力。生态廊道宽度的应该从对其功能的研究入手，在此基础上确定廊道宽度与结构。

基于高速公路线状生态廊道的特征，将生物保护、休闲和廊道作为主要要素进行考虑，其中生物保护的权重值最高。廊道宽度的增加引起环境的异质性增加，从而可以增加物种多样性。廊道宽度较窄时，边缘种和内部种都很少。随着廊道宽度增加，边缘种和内部种都会有所增加，边缘种增加速度较快，当廊道宽度增加到一定程度，内部种的数量才会迅速增加。另外，边缘种在迅速增加到一定数量后会慢慢稳定，而内部种则会随着廊道宽度的增加一直增加。在高速公路绿化中，要考虑的绿化宽度在7~12m以上，效果才会有所表现，但不是很明显；反之，高速公路的绿化如果只能起到美化作用，而达不到保护生态的目的，这对长远的环境效益发展不利。

按照《国务院关于进一步推进全国绿色通道建设的通知》[国发（2000）31号]的要求：高速公路、铁路、国道、省道绿色通道的建设，应以防风固土，美化环境为主要功能。原则上，新建、改建及扩建的道路沿线绿化带宽度应严格按5~10m进行规划设计，有条件的地区可加宽到10m以上。

2．高速公路生态廊道的连接度

连接度是指生态廊道上各点的连接程度，它对于生物迁移及河流保护都十分重要。高速公路的建设把生态廊道分割成两部分，阻碍了两侧生态廊道之间的生物迁移，极大降低了廊道之间的关联。

高速公路两侧生态廊道以何种方式连接可以更好地促进生物的迁移，目前已建的高速公路，设置的通道和涵洞都是经过硬化，设置的目的主要是为便于人类和机动车辆通过。高速公路建设中很少考虑生物迁移通道，建议在今后的高速公路设计中，应在路基下方专门设置生物通道，尽量减少人工痕迹，应保持原地形地貌，保留自然物种，通道设置间隔距离不宜过大，为生物的迁移提供条件。

3. 高速公路生态廊道的构成

构成是指生态廊道的各组成要素及其配置。廊道功能与其构成要素密切相关。构成可以分为物种、生境两个层次。生态廊道不仅应该由乡土物种组成，而且通常应该具有层次丰富的群落结构。

已建的高速公路中，大多都是先破坏再恢复，破坏后的物种往往很难恢复到原状。建议在建设高速公路的同时，应边修建边恢复，保证生物的活动不间断。绿化恢复时选用的植被应采用乡土树种，因为乡土树种经过物种选择，已经能够适应当地气候和环境。避免引入外来树种，减少对其本地树种的入侵，以免影响生物生境。尽量考虑天然植被，树种应丰富，尽可能维持原貌。天然植被具有乔、灌、草结构和丰富的物种多样性，有复杂的食物链、食物网，能够促进生物间相互制约、协调共生关系的发展。

5.2.3 辽宁高速公路生态廊道

1. 辽宁省自然气候情况

辽宁省地处欧亚大陆东岸、中纬度地区，属于温带大陆性季风气候区。境内雨热同季，日照丰富，积温较高，冬长夏暖，春秋季短，四季分明。雨量不均，东湿西干。全省年日照时数2100~2600小时。全年平均气温在7~11℃之间，最高气温零上30℃，极端最高可达40℃以上，最低气温零下30℃，受季风气候影响，自西南向东北，自平原向山区递减。年平均无霜期130~200天，一般无霜期均在150天以上，由西北向东南逐渐增多。东部山地丘陵区年降水量在1100mm以上；西部山地丘陵区年降水量在400mm左右，是全省降水最少的地区；中部平原降水量比较适中，年平均在600mm左右。

2. 辽宁省高速公路景观廊道建设

辽宁省高速公路建设从1984年开始起步，历时30年，截至2014年年底，建成通车的高速公路总里程4215km，如图5-1所示。

3. 技术细节

根据不同地区的自然条件，分区域进行设计；针对不同的结构部位，采取针对性的设计。

1）中央分隔带绿化

中央分隔带绿化不仅有景观要求，并且应实现其防眩功能。中分带具有土层薄、夏季地表温度过高、盐碱化逐年严重等特点。

通过对已建成高速公路绿化进行跟踪调查，当中分带植物种植期达到10~15年时，由于植物生长，根系基本占满种植槽内有限的空间，加之土壤盐渍化逐年加重，绿篱植物逐渐退化，植物生长势减弱，病虫害加重，导致部分植物死亡，特别是水蜡，丹东桧柏等植物品种其死亡率非常高。

所以对于中央分隔带设计，首先是保证有足够的种植土空间，回填深度一般为70~80cm。在品种选择上，我们挑选目前长势最好的丁香、榆叶梅、白

图5-1 辽宁省高速公路简图

榆、金叶榆、三角枫五种植物品种，设计采用绿篱式，其防眩功能性好、便于机械化养护修剪、景观整体整齐划一的特点。

2）填方段绿化

对于填方路段的绿化设计，以植物边坡防护为主，品种主要为紫穗槐和小火炬，路侧林带在辽宁不同区域采用不同设计方式。辽东山区景观优美的地区，采用通透的绿化模式，不设置林带，在辽西、辽北干旱的地区，设置防护林带。

3）挖方段绿化

公路边坡防护工程，挖方段在防护上早期通常以工程防护为主，景观上与周围环境相割裂，且随着时间推移，部分挖方段圬工退化。通过开展不同植物针对不同边坡条件的工程防护实验，得出合理结论："植物结合工程防护"的主要边坡防护形式。

（1）稳定的土质边坡或含土量较高的风化岩边坡，采用紫穗槐和刺槐混栽模式，对于部分低矮的挖方坡面，亦可采用小火炬种植模式。

（2）处于景观敏感点位置的坡度较缓的稳定土质边坡，丰富坡面景观绿化类型及观赏效果并打造地标性景观节点，坡面上撒播或种植一二年生或宿根花卉，营造满山遍地野花香的花海景观。花卉选择抗性强、有一定自播繁衍能力、耐粗放管理的品种，如波斯菊、金鸡菊等。

（3）半风化岩坡面，针对这一情况采用分别处理、统一融合的方法，与土质边坡相融合。采用紫穗槐和刺槐混栽模式，种植时需进行刨坑带土球种植。

（4）坚岩坡面，基于生态恢复、景观美化及成本控制等多方面因素，坚岩坡面主要采用两种处理方法：①采用厚基材客土喷播技术进行绿化；②保留原有岩石。

4）立交区绿化

品种选择上应根据当地自然条件，以乡土树种为主。采用自然式种植形式，乔、灌、草、花相结合、针叶树与阔叶树相结合，观花树种与观叶、观姿树种相结合。从层次上，考虑匝道景观的观赏形式，在匝道的中央区域应用速生树种形成骨架，营造中央高、四周低的景观形式。在平视区域运用花卉，营造花团锦簇的氛围。

5）服务区绿化

如何为用路人提供良好的休闲环境是服务区绿化设计的宗旨，通过多年服务区绿化设计的经验总结，把"花园式服务区"作为服务区景观设计的理念，在自然风格的基调下强调精致如花园般的景观形式。

6）隧道绿化

景观处理均以自然为基调，将隧道各部分景观与周围的自然环境融为一体。在景观元素的运用上，均采用植物为主要景观要素，强调就地取材，融入自然。景观地形处理时，将场地现有残土排除至与路缘石上顶面齐平，在其上回填种植土营建微地形，种植土层厚度满足植物生长需要。地形营建后景观效果得以提升，同时亦为植物生长提供种植土层。

地形处理完成后进行景观绿化配置。以自然林地景观作为蓝本模拟风景林形式，包括纯林及混交林两种形式。林下采用乔灌草相结合的复合式群落形式，林缘点缀花卉、景石，丰富景观效果。

4. 适合辽宁省高速公路的多年生草本植物培育

辽宁高速公路生态廊道能够完成生态服务功能，其途径之一就是要增加植物的多样性，形成合理的人工群落结构，使上层的乔木中层的灌木及下层的草本花卉和地被植物相得益彰，人工群落和自然群落完美结合。

多年生草本植物的主要观赏及应用价值在于其色彩的多样性、应用的实时性。同时，多年生草本花卉还具有种类繁多、适用性强、栽培管理较粗放等优点，越来越多的多年生草本花卉被广泛应用在城市的道路两侧、路口、广场、公园、机关庭院等，在城市园林绿化中起到了很好的点缀和美化作用，增加了城市绿化的色彩，提高了园林绿化的档次和效果。多年生草本植物的研究和应用面临着一个良好的机遇和发展前景。

因此，为打造城市绿化美化新形象、提高城市的形象与品位，多年生草本植物的选育与配置越来越受到人们重视，多年生草本植物群落的研究与应用成为相关从业人员的研究热门。

除多年生草本花卉自身优势外，草本花卉是城市绿地系统植物多样性和城市人工群落的重要组成部分。然而，目前有关城市绿化中生物多样性的研究多着眼于木本植物，而对多年生草本花卉多样性的研究报道却很少。其实多年生草本花卉株型较小，占地面积小，在相同的面积上能容纳的草本植物比木本植物多得多，从多样性的角度看，草本花卉更具现实意义。因此，对多年生草本植物的培育研究与其在高速公路的运用与栽培是具有现实意义的。

草本植物是植物生态系统的重要组成成分，很多研究表明草本植物在增加物种多样性、涵养水源、水土保持、矿山复垦、改变林区小气候、维持生态系统稳定性等方面具有重要的生态功能。草本植物能适应各种不同的环境条件，可构成不同类型的自然地，在建筑物及道路附近又可构成各种装饰性人工地。同时，草本植物处于植物生态系统的下层，对周围环境较为敏感，因此，草本植物的生长状况和分布规律对整个植物生态系统具有指示作用，可以作为评价生态系统健康状况的重要指标。

多年生植物依气候不同而有多种型态。多年生植物的根一般比较粗壮，有的还长着块根、块茎、球茎、鳞茎等器官。冬天，地面上的部分仍处于休眠状态，到第二年气候转暖，它们又发芽生长。在气候温和的地区，植物终年生长不落叶，称为常绿植物；在季节变化明显的地区多年生植物表现更为明显，植物在温暖的季节生长开花，到了冬天时，木本植物的树叶会枯黄掉落，称为落叶植物，草本植物则是仅保留地下茎或根部分进入休眠状态，称为宿根花卉。此外有些地区的气候变化是以干、湿季来划分，当地的植物又会有不同的生命周期。其一，植物的地下部分为多年生，如宿根或根茎、鳞茎、块根等器官，而地上部分每年死亡，等到第二年春又从地下部分长出新枝，开花结实，如藕、洋葱、芋、甘薯、大丽菊等；其二，植物的地上和地下部分都为多年生的，经开花、结实后，地上部分仍不枯死，并能多次结实，如万年青、麦门冬等，都属于多年生草本植物。

根据多年生草本植物的自身生长特性，结合东北地区气候寒冷的特点，可归纳出以下三个方面的优势：

（1）生态性

草本植物在中国的分布呈现不均衡的格局：在南方及东部沿海城市分布较多。这些地区为亚热带、热带气候，有容纳更多物种的潜力。同时，经济发达、交通便利以及频繁的人类活动促进了物种在这些地区的传播。

多年生草本植物群落能够丰富生物的多样性，提升地区的生态恢复能力，它的建立对于区域生态廊道的支撑起了非常重要的作用。

（2）景观性

由于多年生草本植物的共同特征是都有永久性的地下部分（地下根、地下茎），常年不死。但它们的地上部分（茎、叶）却存在着两种类型：有的地上部分能保持终年常绿，如文竹、四季海棠、虎皮掌等；有的地上部分，是每年春季从地下根际萌生新芽，长成植株到冬季枯死。如芍药、美人蕉、大丽花、鸢尾、玉簪、晚香玉等。

因此，建立该植物群落可以延长公路两旁的开花期，延长观赏期，这对于北方的寒冷地区公路景观来讲是至关重要的，在全国的公路景观设计也是独一无二的创举，独树一帜。

（3）经济性

多年生草本植物维护费用低，操作简单，这对于研究的大量推广有很大的推动作用，真正可以做到"低成本的生态景观"。

本研究本着低成本生态景观设计原则，突出绿化景观的本土地域性、生态多样性、文化艺术性，对本土物种及适宜物种进行筛选，选择非常有吸引力的物种（地域、外形、花期）在道路景观中应用。多年生草本植物具有生态性、景观性、经济性的优质特性，在经过实验育种优化，提高抗寒性、抗旱性等本地气候特点的条件下，将是公路景观绿化的良好选择。

第6章

辽宁高速地方特色景观设计方法、评价指标及效益分析

在公路绿化美观的基础上予以提升,主要包括功能优化(比如服务区及其景观)、人文内涵提升(建筑形式、视觉空间尺度、色彩、地域特征符号等)。按照因地制宜、生态恢复、景观美学、展示文化、以人为本的路域景观设计原则,对路域景观设计要素(绿化系统、标识系统、人文景观系统)进行优化提升设计,对典型路段提出建议方案,突出路域景观设计的带状性、动态性、多元性。

公路景观是由道路主体工程、附属设施、沿线建筑、周边自然环境、气象变化及人的活动等因素所构成的一个总的空间概念,是公路三维空间加上时间和人的视觉、心理感受等形成的综合环境效应,即道路使用者在乘坐交通工具运动过程中对公路及公路环境的印象。公路景观不同于城市和乡村景观,也有别于自然山水和风景名胜,它有自身鲜明的特性。随着全球环境问题的日益严重,越来越多的人开始用生态的眼光关注生存环境,人们对公路景观的认识和理解也随之拓展,认为公路景观是具有特定结构功能和动态特征的宏观系统,是体现文化与自然交流的统一体。

6.1 辽宁省高速公路地方特色景观设计方法

6.1.1 高速公路特色景观

1. 带状性

公路是线性的构造物,公路景观随公路的走势而连绵起伏,形成一个宽窄不断变化的带状空间,如图6-1所示,虽然乘客在整个过程中都被局限在带状空间内保持单一的线性运动状态,视线受到一定限制,但因沿途宏观景观地交替变换、细微精致的丰富性和特

图6-1 带状性公路图

异性，非但不会使运动过程感到枯燥，相反会有惊喜的发现。

高速公路从开始到结束，必然给人一种整体的印象。没有节奏的连续景观，不可能达到多样统一的艺术效果，也无法构筑一个完好的景观布局。作为一个序列布局，在整个过程中，必须有始有终，有开始、有高潮、有结束。在高速公路线性景观设计中还应充分考虑驾驶员在视觉和心理方面的要求，能使驾驶员在行驶中视线连续，自然诱导视线，并能预知前方的变化，成功的线性设计能为司机提供一种由动态的视觉刺激引起的愉悦感和安全感。

2．动态性

公路景观以动态序列性景观为主。汽车在公路上行驶时，乘客以高速运动方式在公路线性空间内行进，驾驶员和乘客视觉范围内的感官体验是动态连续性的，因此公路景观有别于以步行等低速运动或静态方式欣赏为主的景观形式。高速公路的"动态景观"是以高速公路为典型的存在载体，是在高速度的观赏体验条件下所存在的特殊类型的景观，它有自身鲜明的特性。

1）瞬间性：人的视觉在高速运动的时候所能接受的能力有限（据研究资料统计：0.4km以内的近景会出现模糊状况；0.4~5km的中景视觉清晰；5km以上的远景则成为背景），高速运动时受人的视觉接纳能力限制，乘客只能走马观花对公路景观留下整体宏观印象，而忽略较多细节。其中，在平均速度为80km/h（即中等速度）的动态状态下，环境中尺度小于1.5m的物体或景象往往是被忽略的。从另一个角度来理解，也就是在这样的动态景观环境中，设计的最小尺度极限应该是1.5m×1.5m，对于过于细节的设计和处理，都是无意义的。这一结论性数据对于实践性的规划设计具有参考意义。

2）连续性：由于在高速公路的景观环境中，观赏者始终处于一个连续运动的状态下，因此，会产生连续的景观序列。因为高速度的影响，动态的景观环境给人的感觉是不断变化的，而如果景观的景象在一定尺度上变化时，由于高速度的视觉忽略状态，往往景象在视觉上又是连续的。

3）单项性：车辆在高速公路上的行驶方向也使得高速公路景观具有单项序列的特点，即对同一高速公路，由于来回方向不同而对景观不一样的认知。因此，可以在高速公路沿线布置服务区，将景观资源利用起来，设置观景台供司乘人员欣赏到静态的景观，通过在服务区欣赏静态观景，既能缓解乘客长途跋涉快速浏览的单一景观产生的视觉疲劳，还能加深乘客的旅途体验（图6-2）。

图6-2 公路景观设计图

3．多元性

公路景观由自然的和人文的、有形的和无形的多种元素构成。它既需要满足运输功能，同时又要被赋予一定的历史、文化、地域和民俗等内涵。

随着景观生态理念的发展以及以往所构建的路域景观的单调性、短暂性、地域特色缺乏性的日益彰显，环境工作者及工程人员需要以生态恢复为基础，以地域文化为底蕴，站在比生态系统更高一级的层次上、更大范围内、更长时间内研究生态、景观、文化的结构、功能及各部分之间的相互关系，研究三者之间整合的原理和途径，以使路域环境成为具有系统性、整体性、生态性、文化性的景观廊道。

1）因地制宜为前提，呈现地方景观生态特点

公路建设中的景观生态是一项人工辅助与自然相协调的工程。植物种类的选择不仅要求其生物学、生态学特性适应当地自然环境，还要求其生态功能和创造的景观与当地自然的植物群落相似，因此应适时、适地、适树、适草，使景观发挥最大的生态效益。

任何植物都有各自适应的生长环境，有各自的生长习性、特点。在设计公路的绿化时，选择的绿化植物和种植方式要以公路的安全运输为前提，然后再选择种植的地点。如道路中央分隔带绿化种植形式及间距应能满足防眩的条件，且耐修剪、易管护；环境的污染也是考虑的要素，应选择吸收尾气、净化空气的植物来应对各种尾气污染和噪音污染，改善周围的环境；选择乡土植物，适合当地气候土壤条件，容易成活，易于栽培，可较快形成植物景观带，功能美观兼具。因此，在绿化景观设计时，要从公路的性质、功能等方面考虑，以因地制宜为前提，呈现地方景观生态特点。

2）以生态恢复为目标，遵循区域自然生态规律

生态景观不能以牺牲生态资源为代价进行构建，应以生态学的理论指导公路景观建设，遵循区域自然生态规律，尊重植物特征、气候变化及生态格局，

以最大限度地恢复路域生态景观。

高速公路景观绿化应以生态绿化为主，尽量减少园林式绿化。应尽量采用当地植物，减少不适当的名贵树种，以节约成本。在高速公路的绿化设计中应运用生物多样化原理，设计中着重考虑立体配置，才能形成稳定绿化植物群落，达到真正的生态绿化的目的。在高速公路生态景观设计时，尽量保持原有的生态平衡，同时对于敏感地区和自然资源丰富地区合理避让，坚持自然优先原则，以生态学理论为依据，尊重自然，正视自然，保护自然，恢复自然，创造出线形连续、景观协调、视觉良好、安全舒适的高速公路。

3）以美学理论为指导，提升生态景观审美境界

公路景观的结构和功能决定了它独特的美学特征。合理的道路景观应给人以美的感觉。高速公路景观构建过程中，应根据生态景观的功能和服务对象，使不同区域、不同地段景观的风格、造型、色彩、规模等发生一定变化，从而提升路域审美境界，使司机在行车途中感受到沿途景观富有节律感、多变性，产生愉悦的心理，达到消除疲劳、提高行车安全的目的。所以，高速公路的景观设计一定要在统一的主题下，在统一中有变化，在变化中求统一。

高速公路景观色彩设计与建筑、服装、工业产品等不同，色彩的构成应以沿线自然色和路面半自然色为主，尽量减少人工色，色彩配置保持连续性、统一性和柔和性，使乘客感到身心愉悦；同时为避免色彩过度统一而分散人的注意力，应适度增加色彩的分异性和刺激性，引起司机的注意，保证行车安全，但不可过度刺激，防止司机紧张、疲劳，引起交通事故。

4）以地域文化为特征，展现地域文化底蕴

地域文化影响着人们对景观的认知、行为和态度，在一定程度上还会对所处的生态功能施加影响，因此在路域景观设计和构建过程中，应兼顾地域文化特色，体现路域沿线民众的思想情趣和文化背景，使区域景观蕴涵出独特的生态文化特征，促进区域景观生态建设。

以地域文化为特征，是指所提出的高速公路景观文化内涵要具有地方性特点，能体现出地方的特色，有地方标记。从内容上看，既要吸收一切景观实践所提出的文化内涵的精华，又要注重挖掘当地文化内涵。因地制宜提取文化元素，展现地域文化底蕴。第一，各种材料、植物景观的配备应当就地取材，充分利用当地的现有自然资源，最终营造出具有地方特色、具有较强生命力的高速景观。第二，将当地的特色、当地的特点融入高速公路景观设计中。要尊崇

并且继承当地的地域文化、建筑文化,要顺应当地的景观特色,不要盲目崇拜,也不要漠视,只有在批判中继承,才能得到长久的发展。第三,高速公路景观设计都要与当地自然与人文环境相结合,效法自然,顺应自然,最大限度的实现对自然景观的保护,并巧妙的利用地形、地貌,达到与自然相统一的效果。同时,将视域空间融入景观设计中,成为高速公路的风景线、透视线。

5)以人类感知为根本,满足使用者多重需求

以人为本,理解人类自身,理解并满足道路使用者的多重需求和体验要求,如出行的安全性、舒适性、愉悦性等,使人与自然和谐共生,是实现生态景观构建的基础。

高速公路景观设计是基于公路设计之外配套设计中最为重要的一部分,其最终目的都是为人服务。所以在设计时应始终将人放在首位,实现人性化设计。在满足了高速公路本身快速、畅通、流畅等功能特点之外,还需通过景观的变化和多元化景观格局形式来实现视觉诱导、线形预告、明暗过渡等目标来消除人们在行驶过程的不良情绪和客观因素带来的驾驶隐患。抓住高速公路行车的动态特征,通过线性景观与点式景观的配合,配以可以彰显本地特色的景观主题,营造出令人愉悦、轻松的视觉环境。

6)以完美"整合"为手段,注重景观生态文化统一协调

景观、生态、文化是相互影响、相互渗透、相互衬托的矛盾统一体。在进行生态景观构建时要采取"整合"的手段,注重景观、生态与文化的融合与协调、比例与尺度、统一与变化,将文化底蕴融入整个路域景观生态格局中。

研究乡土植物在新建生态群落中的表现、测试不同土壤介质及播种维护措施,选择关键物种建立道路绿化景观试验区,根据其实际运行情况,探索比较撒播形式及育苗移栽形式的景观效果及周期成本。培养出适合辽宁气候、土壤特征、公路条件(盐、农药)、观赏期长、施工工艺难度较低、养护成本低的多年生草本植物,编写辽宁高速公路绿化草本植物名录。

6.1.2 高速公路组成功能优化

1. 中央分隔带绿化

中央分隔带的绿化设计是为了满足防眩、隔声、降噪、美观、缓冲、减缓

疲劳等功能。通常，高速公路中央分隔带绿化的立地条件较差，土层薄且土壤贫瘠，受汽车尾气及除雪剂污染严重，但是分隔带绿化效果却至关重要，一方面防止对向车灯的眩光干扰，其次，富于韵律变化的分隔带景观能够缓解长时间驾乘产生的视觉疲劳，并提升道路的景观品质。丹通高速公路中央分隔带宽度为2m，景观绿化采用绿篱结合草坪的形式。绿篱株高 1.7m，宽0.8m，选择生长强健、适应性强、耐贫瘠、耐干旱、耐寒冷、耐粗放管理、苗源充足且具有优良观赏特性的植物品种，经过苗源调查最终选择中华金叶榆、三角枫、五角枫（考虑到苗源问题，三角枫和五角枫可以混种）、白榆、榆叶梅、紫丁香6个绿篱品种，草坪品种选用无芒雀麦。根据行车速度与观赏特点，采用每10km变换品种。在城市出入口段落，结合城市特点进行品种配置，如桓仁与宽甸为枫叶之乡，因此在桓仁与宽甸出入口段落种植三角枫与五角枫，呼应城市特色。在丹东出入口段落种植色彩金黄艳丽的中华金叶榆，呼应城市的繁华风貌，如图6-3所示。

图6-3　中央分隔带绿化实景

2．坡面绿化

边坡立地条件不同，周遭景观环境不同，遵循生态恢复及景观多样性的原则，不拘一格的处理边坡景观，恢复遭到破坏的生态环境，使之自然、生动，并与自然景观环境相融合。

1）稳定的土质边坡或含土量较高的风化岩边坡

以"乔木恢复"为设计理念，统筹考虑近期防护与远期景观，采用紫穗槐和刺槐混栽模式。

2）处于景观敏感点位置的坡度较缓的稳定土质边坡

丰富坡面景观绿化类型及观赏效果并打造地标性景观节点，在处于敏感点位置的坡度较缓的稳定土质边坡上满种一二年生或宿根花卉，营造满山遍地野花香的花海景观。花卉选择抗性强、有一定自播繁衍能力、耐粗放管理，观赏效果好的品种，如波斯菊、金鸡菊等。

3）半风化岩与坚岩混合坡面

针对这一情况采用分别处理、统一融合的方法。采用自然点缀式种植乔灌木，乔木与灌木品种选用易于在岩石坡面生长的乡土树种，在景观处理上，使半风化岩绿化与坚岩绿化自然过渡衔接，浑然一体。

4）坚岩坡面

项目沿线坚岩坡面较多，基于生态恢复、景观美化及成本控制等多方面因素，坚岩坡面主要采用两种处理方法，一是采用厚基材客土喷播技术进行绿化，二是采用坡面凿穴自然点缀种植乔灌木形式，如图6-4所示。

厚基材客土喷播主要施工步骤包括清理坡面、挂网锚固、喷射基质、喷射种子、覆盖地膜、养护成坪等。植物品种选用抗性强、耐贫瘠、耐干旱、耐寒、耐粗放管理的品种，以草本为主，并配以灌木。选择的草本品种包括无芒雀麦、紫花苜蓿、小冠花、黑麦草、高羊茅、紫羊茅、百日草、金鸡菊、波斯菊、金盏菊等，灌木品种包括紫穗槐、胡枝子等。

图6-4 挖方段客土喷薄绿化前后对比照片

针对坚岩坡面另一种处理方式可以将坡面岩石的肌理保留，并适当进行雕琢，形成自然气息浓郁的石壁景观，实现沿线景观的多样性，展示自然风景的魅力。同时，如有可能，师法自然，增加自然的野趣。

3．填方段

丹通高速两侧风景优美，对于填方路段的绿化设计，在满足边坡防护功能的前提下，采用通透的绿化模式，展示不遮挡观赏视线。边坡下返2m范围内种植无芒雀麦，2m种植紫穗槐，地径0.4cm，品字型栽植，每平方米9株，坡脚种植紫穗槐，地径0.4cm，品字型栽植，每平方米9株，如图6-5所示。

4．挖方段

1）坡脚平台绿化

坡脚平台为浅碟形，宽度为1.75m，土路肩宽0.75m。台内有种植土，可种植植物。对于无挡墙，坡面设计有绿化覆盖的段落，平台只种植草坪，形成"净地效果"，草坪品种选用无芒雀麦。

图6-5　填方段绿化实景

图6-6　挖方段绿化实景

对于无挡墙，后侧坡面为裸露坚岩或坡面点缀式种植乔灌木的段落，平台种植丛状花灌木并自然点缀式种植青扦云杉，灌木后方种植三叶地锦，向坡面上方攀爬，下层种植无芒雀麦草坪。花灌木选用丁香、东北连翘、三角枫等乡土树种，灌木高度1.2m，根部宽度0.8m。青扦云杉高度5～6m，冠幅2.2m以上，如图6-6所示。

2）挡土墙后绿化

为防止水土流失，保证坡面稳定，在坡脚处设置挡土墙，挡墙与坡面形成一定角度，可进行植物栽植。对于坡面为裸露坚岩等无法直接进行绿化的段落，挡墙后绿化采用丛状灌木与五叶地锦组合种植的模式。灌木品种选择东北连翘、白榆、丁香、榆叶梅、水蜡等乡土树种，高度1.0m，宽度0.8m。灌木后方种植五叶地锦，从挡墙上方自上而下垂爬，同时种植三叶地锦，向裸露岩石坡面攀爬。对于坡面设计有绿化覆盖的段落，挡墙后采用与坡面相同的绿化形式，保证与坡面景观相协调融合。

5．立交区

立交区是车辆进出高速公路的必经之区，通常占地面积较大，围合区绿化用地面积亦较大，因此，立交区景观是高速公路景观重要的组成部分，良好的立交区景观对提高高速公路整体景观品质能够起到至关重要的作用。总的说来，立交区景观设计需考虑主线及各匝道上不同行驶速度下的观赏效果，且应具有交通导向与美化环境的基本功能。

丹通高速公路全线共有14个立交区，其中有12个互通式立交，2个枢纽立交。根据各个立交区不同的地理位置、立地条件及周围环境特点，并秉承"节约工程成本，打造绿化经济"的理念，立交区景观绿化采用以风景林与产业林相结合的方式。在道路起点立交区、终点立交区及重要城市出入口立交区，采用全风景林的景观绿化模式。其他立交区采用风景林与产业林混合模式。风景林营造以自然为蓝本，模拟自然植物群落的形式，并加以美学改造，使之充盈自然的氛围，同时符合行车观赏，如图6-7所示。

图6-7 立交区绿化实景

6. 服务区及收费站

服务区及收费站作为高速公路的重要停留服务性节点，其景观的观赏价值与休闲服务功能都应具有较高的水准与品质。丹通高速公路共有四个服务区，分别是云峰山服务区、牛毛坞服务区、宽甸服务区与五龙山服务区。在服务区总平面规划上，绿地主要集中在四个区域，分别是：防护林区、建筑周边区、停车场区和出入缓冲区。

打造花园式服务设施是服务区收费站总体景观设计的理念，在自然风格的基调下强调精致如花园般的景观形式，根据四个绿地区域的功能特点，采用不同的景观处理方式。防护林区突出背景与屏障功能，采用刺槐林营造出自然浓密的边界林带，形成整个服务区的景观背景与生态屏障。建筑周边区景观突出休息与休闲功能，设置景观建筑小品及休息休闲设施，创造舒适的休息空间，以孤赏大树、彩叶植物、模纹地被及宿根花卉作为主要材料，营造精致的绿化景观。停车场区绿化突出隔离功能，以乔木、灌木、模纹与宿根花卉为主，形成富于韵律性的分隔绿带景观。出入缓冲区景观突出边界围合、隔离与引导功能，并应兼顾主

图6-8　服务区绿化实景　　　　　　　　图6-9　收费站绿化实景

线行车及服务区内两种观赏方式，以乔木、灌木、模纹与宿根花卉为材料，采用组团式配置形式，营造层次多样、色彩丰富的绿带景观（图6-8、图6-9）。

7. 隧道

隧道绿化包括分离绿地绿化、迎视坡面绿化及洞口顶部绿化三部分。丹通高速公路全线共有39个隧道，景观处理均以自然为基调，将隧道各部分景观与周围的自然环境融为一体。在景观元素的运用上，均采用植物、石材等自然景观要素，强调就地取材，融入自然。

景观地形处理方式：将场地现有残土排除至与路缘石上顶面齐平，在其上回填种植土营建微地形，微地形形态自然，种植土层厚度满足植物生长需要。地形营建后景观效果得以提升，同时亦为植物生长提供种植土层。

地形处理完成后进行景观绿化配置。丛生大树景观模式：选择形态独特、观赏价值高的孤赏自然丛生状山地大乔木作为苗木材料，经过调研选择丛生五角枫、丛生蒙古栎与丛生白桦三种树种。采用自然式配置形式，自然散植丛生大树作为景观骨架，以其他乔灌木作为配景，林下以草坪或花坪形成基底，打造雄浑、大气、富有北方地域气息并具有视觉冲击力的景观，如图6-10所示。

图6-10　隧道绿化丛生大树实景
（图片来源：现场拍摄）

拟自然风景林模式：以自然林地景观作为蓝本进行缩移模拟，模拟风景林形式包括纯林及混交林两种形式。纯林景观模式乃是以红松林、云杉林、白桦林三种纯林作为景观主体，适当点缀花灌木作为配景，林下采用草坪或花坪作为底衬。混交林景观模式是以自然混交林作为模拟对象，采用乔灌草相结合的复合式群落形式，林下采用草坪，林缘可点缀花卉、景石，丰富林缘景观效果。

6.1.3 高速公路人文内涵提升

1. 中观层面

依据地理位置、大地貌、地带性气候特征和植物分布区系将辽宁省分为四大区域：辽宁西北山地温带半湿润半干旱地区、辽宁中部辽河平原地区、辽宁南部半岛暖温带湿润地区、辽宁东部山地温带湿润地区。

1）辽宁西北山地温带半湿润半干旱地区

包括阜新、朝阳、锦州、葫芦岛四市。由东北向西南走向的努鲁儿虎山、松岭、黑山、医巫闾山组成。山间形成河谷地带，北部与内蒙古高原相接，南部形成狭长平原，与渤海相连，其间为辽西走廊。属温带半干旱季风区，是全省降水最少的地区因地处内陆，具有明显的大陆性气候及沙地气候特征，如图6-11~图6-14、表6-1所示。

图6-11 阜新路段沿线实景

图6-12 朝阳路段沿线实景

图6-13 锦州路段沿线实景

图6-14 葫芦岛路段沿线实景

辽宁西北山地温带半湿润半干旱地区主要绿化植物　　　表6-1

大乔木类	红皮云杉、白杆云杉、青杆云杉、樟子松、油松、侧柏等
灌木类	沙地柏、紫穗槐、火炬树、丁香、大花水亚木、珍珠绣线菊等
地被草花类	无芒雀麦、高羊茅、草地早熟禾、金鸡菊、马蔺、三七景天等

2）辽宁中部辽河平原地区

包括沈阳、辽阳、营口、盘锦。地势大体是东高中低、北高南低、西部稍高，由北向南缓泻形成的辽河平原。属温带季风型大陆性气候。全年四季分明，雨量适中，适宜多种植物生长，如图6-15～图6-18，表6-2所示。

图6-15　沈阳路段沿线实景

图6-16　辽阳路段沿线实景

图6-17　营口路段沿线实景

图6-18　盘锦路段沿线实景

辽宁中部辽河平原地区主要绿化植物　　　表6-2

大乔木类	长白落叶松、银杏、沙冷杉、红皮云杉、白杆云杉、青杆云杉等
灌木类	紫穗槐、太平花、大花水亚木、珍珠绣线菊、红瑞木、连翘等
地被草花	无芒雀麦、高羊茅、草地早熟禾、金鸡菊、马蔺、丛生福禄考等

3）辽宁南部半岛暖温带湿润地区

包括鞍山、丹东、大连。辽南地区位于辽东半岛，东北与长白山毗连。个别高峰,大部为低山、丘陵。沿海分布有海蚀阶地和冲积平原。属于北半球的暖温带地区,具有海洋性特点的暖温带大陆性季风气候,冬无严寒,夏无酷暑,四季分明,如图6-19～图6-21,表6-3所示。

图6-19　鞍山路段沿线实景

图6-20　丹东路段沿线实景

图6-21　大连路段沿线实景

辽宁南部半岛暖温带湿润地区主要绿化植物　　表6-3

大乔木类	银杏、白杆云杉、青杆云杉、樟子松、圆柏、雪松等
灌木类	紫穗槐、大花水亚木、珍珠绣线菊、红瑞木、连翘、紫丁香等
地被草花类	无芒雀麦、高羊茅、紫花苜蓿、马蔺、三七景天、丛生福禄考等

4) 辽宁东部山地温带湿润地区

包括铁岭、抚顺、本溪。辽东地区呈东高西低之势。东部和南部山峦起伏,森林茂密。北部山势低平,为丘陵地带,西部为浑河冲积平原,海拔为100～300m之间。本区属北温带季节风性大陆气候,一年四季分明,气候宜人,雨量充沛,如图6-22～图6-24,表6-4所示。

图6-22　铁岭路段沿线实景

图6-23 抚顺路段沿线实景　　　　　　　图6-24 本溪路段沿线实景

辽宁东部山地温带湿润地区主要绿化植物　　　　表6-4

大乔木类	银杏、长白落叶松、日本落叶松、沙松冷杉、红皮云杉、白蜡等
灌木类	紫穗槐、鸡树条荚迷、榆叶梅、茶条槭、胶东卫矛、迎红杜鹃等
地被草花类	无芒雀麦、高羊茅、草地早熟禾、金鸡菊、马蔺、丛生福禄考等

2. 微观层面

高速公路经过许多不同的区域，每个区域都有各自的地域特色，确定公路景观主题时不可能面面俱到，因此，应对每一个区段的主题进行定位，定位原则主要围绕景观塑造的主脉，抓住沿线该区域内的主导特色。整个公路沿线的景观主题，应该兼顾历史、人文、旅游、经济等各个方面，避免全线景观过于单调。

高速公路景观设计中绿化带、互通式立交区、隧道口、挡墙护坡、交通标志、公共设施等实体都是地域文化表现的良好载体，而服务区、互通式立交区、隧道口等重要节点将作为点状景观空间成为宣扬地域特色的重要载体，向过往的旅客展示该地域的独特魅力。高速公路是展示和宣扬地域文化的优良载体，也是地域文化延续和文脉传承的重要工具。

概括来说，将地域特色融入高速公路景观载体中主要有以下几个方法：

1）直接相融

在进行高速公路景观设计时，在遵循生态性原则和可持续性原则的前提下，直接将高速公路沿线地域特色景观资源融入高速公路景观体系中，例如，公路沿线的独特地形地貌，名山明水，动植物保护区等。例如，大连沿海路段，将大海的特色景观展现到公路景观体系之中，行驶在公路上就直接可以感受到大海和湖泊给使用者带来的视觉和内心的冲击；鞍山山区高速路段，公路景观将鞍山地区独特的地形地貌充分地展现在公路使用者面前。

2）间接改善

高速公路生态景观廊道，指景观中与相邻两边环境不同的线性高速公路景观绿化中的生态廊道与带状结构，是景观中唯一的线性要素，是不同于两侧相邻土地的一种特殊的带状要素类型。当地区自然环境较差时，注入生态景观廊道，不仅可以起到运输的作用，还具有改善地区生态环境的功能。

以阜新路段为例，阜新属于资源性、工程性和水质性三种并存的极度缺水型城市，因此，阜新高速也处于"类沙漠"状态，注入绿油油的廊道穿过干旱地区，来改善阜新高速生态环境现状。图6-25为阜新高速路段原状，图6-26为阜新高速生态景观廊道前期种植养护状态。

图6-25　阜新高速公路原状图

图6-26　阜新高速公路阶段性状态图

3）抽象升华

在进行高速公路景观设计时，首先要提炼出路域的人文景观主题，并运用几何元素和美学元素进行建筑、景观雕塑，植物造景等设计手法来升华地域人文面貌，将抽象的人文题材展示给公众。例如，在服务区设置浮雕、壁画，或者将服务区建筑造型与特定地点的地形地貌以及民族地域文化特色元素融合，让车中的游客和驾驶者能感受到地域风格的不同，使精神文明得以实现；在城市出入口设置表现城市精神面貌主题的雕塑，其目的是展示当地风土人情，传播当地文化等。

以丹东路段为例，在进行服务区的景观植物设计时，不但要从功能与艺术上考虑色彩、季相、形体、姿态、声觉等多方面的变化与要求，更应从生态学出发，根据丹东地区地理纬度与海拔高度所决定的植物地理分布，以及丹东朝鲜族少数民族的人文地域特色，适地种树，并搭配地域性本土植物银杏、牡丹花，展示当地风土人情，塑造三季有花、四季有景的景观效果。植物材料的自然属性中蕴含着历史、文化和空间寓意，在满足生态功能的基础上还可以营造出独特的文化、意境、空间情调。

6.2 辽宁省高速公路生态景观评价指标

从水资源、化学物、大气、噪声等方面改善生态环境，同时考虑植被的碳捕捉与封存，促进城市对气候变化的适应。根据其实际运行情况，探索比较散播形式及育苗移栽形式的景观效果及周期成本，分析并评价社会、环境、经济效益，形成的指标数据可以指导新建道路绿化设计，提出辽宁省高速公路生态景观评价指标。

6.2.1 相关概念阐述

生态景观是生态与景观的结合，是指由无污染的、健康的不同类型土地利用镶嵌体形成的优美的、给人以独特、唯一性、感知体验的景观。生态景观承认并通过人为调控与管理，形成具有稳定的生态系统、较好的生态系统弹性与恢复力、能自行演替并承担文化传承与休闲游憩服务的可持续景观。与景观生态学相比，生态景观也研究景观结构和格局，与生态过程间的相互作用，但更强调景观所能提供的生态系统服务类型与总量，并通过合理的规划设计与建设，提升生态系统服务类型的数量与总量。生态景观认为实现生物多样性保护等目的而对于自然景观、生态空间进行保护十分必要，也认识到人类生产、生活中所产生的诸如景观美化、空气净化等各种服务需求，它不单纯偏重于单一方面，而是寻求二者间的平衡与协同。在研究中，认识并重视其与周边自然景观及城市景观间联系的生态过程，并通过评价认识这些生态过程，通过规划设计保护与管理这些过程，以实现高速公路自身及其周边系统的共同可持续发展。指标体系是指为完成一定研究目的而由若干相互联系的指标组成的指标群。

6.2.2 高速公路生态景观评价指标体系的构建

1. 评价指标体系构建的意义

对任何系统、事物进行评价之前，均应首先确定具体的评价指标。评价指标体系的构建具有以下意义：

1）确定高速公路景观的敏感区域，避免因高速公路建设对其沿线自然景观和人文景观资源带来不良的影响及破坏，从而充分有效地对这些资源加以保护。

2）识别和发现高速公路沿线蕴藏的有价值的自然、人文景观资源，使其发挥应有的社会价值和经济价值。

3）为高速公路景观规划与设计提供科学、现实的信息和规划依据。

4）对由于高速公路建设造成的不同程度的景观破坏，提出相应的减缓和保护恢复措施，尽量减少对路域景观带来的不良影响。

2．评价指标体系的构建原则

高速公路景观评价是个系统工程，要进行科学有效的评价，构建全面准确反映评价对象的指标体系是关键。为此，应遵循以下原则：

1）简明性原则：评价指标含义应简单明确、便于计算或论证，评价指标应相互独立，不能存在显著的相关性。

2）系统性原则：高速公路景观是由多个子系统构成的，必须对评价体系的结构、层次和内容进行全面综合的分析，形成一个系统、完整的评价体系，以保证综合评价的全面性和可信度。

3）可测性与可比性：数据资料收集方便，计算简单，同一评价对象的各指标应能够相互比较，以便进行优劣排序。

4）科学性与可操作性原则：指标体系不仅应科学、有效、合理、能客观反映公路景观的本质属性，而易被公众所熟悉和接受，具备可操作性。

3．高速公路景观评价指标方法

目前国内外选取评价指标的方法有以下几种，即：范围法、目标法、部门法、问题法、因果法、复合法、分析法、专家咨询法等。这些方法都有各自的优势和适用范围，本书采用的选取评价指标的方法是范围法、专家咨询法、目标法与构成要素分析法相结合，通过对高速公路景观构成要素的分析，高速公路景观组成的分析，结合道路景观三元论，采用目标法确定道路景观评价的六个方面，即：中央分隔带绿化、填方段绿化、挖方段绿化、立交区绿化、服务区绿化、隧道绿化，来建立道路景观评价指标体系。针对高速公路景观特殊性，该景观评价指标体系指标因子的确定分别从道路景观组成元素以及景观三元论的环境、功能、美学三个方面共同选取评价指标。

4. 高速公路景观评价体系

高速公路景观各评价因素之间存在错综复杂、相互联系、相互制约的关系，首先应对景观客体和景观主体进行分析，概括出相应的评价要素。景观客体作为客体存在，必须具有可以引起人们兴致、意趣的具体信息，其内涵必须对人产生信息刺激，除了具有自身的自然属性外，还要具有一定的社会属性，并易从背景中分离出来。

本研究将定性分析和定量分析有机结合起来分为三个层次，由目标层、准则层、指标层构成。首先要确定总目标层，然后分解为能够体现该项指标的亚指标，按照此原则再次进行分解，直至最底层的单项评价指标。具体分解如下：总目标层为高速公路景观评价。分解为准则层其包括高速公路自身景观和高速公路自然景观。两个准则层各有其相对应的准则指标层，从而构成了整个评价指标体系。

准则层的景观评价从高速公路不同的结构部位进行，分为中央分隔带、填方段绿化、挖方段绿化、立交区绿化、服务区绿化和隧道绿化六个结构部位。这六个结构部位各有自己的景观评价标准层与之相对应的指标层。

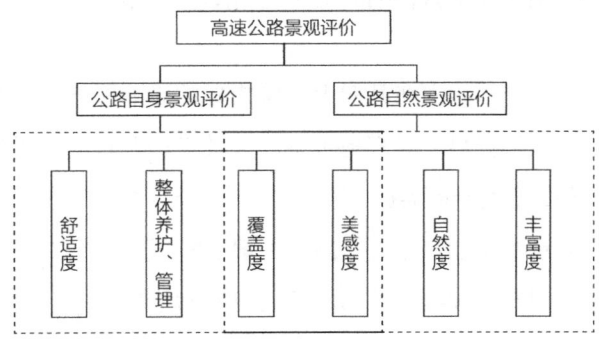

图6-27　高速公路景观评价指标体系图

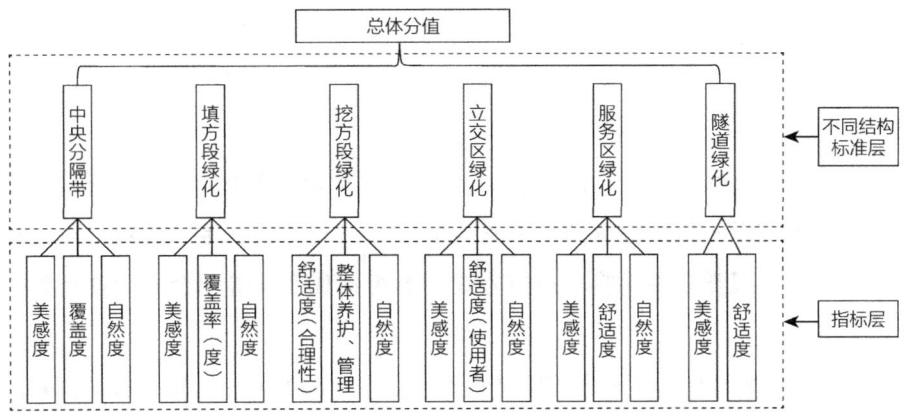

图6-28　高速公路景观评价的逻辑框图

5．高速公路景观评价指标权值的确定

高速公路景观评价是一个多目标、多属性的问题。在这个环境复合系统中，各指标对目标的相对重要程度不同，或者说各指标对目标的贡献值不同，因此，对不同指标应赋予不同的权重，要兼顾各指标在指标体系中的重要程度与出现次数来确定权重的分配，这是进行评价工作的必备条件。

权重首先体现了评价决策者的引导意图和价值观念，它可以起到突出重点指标的作用；其次，权重的设定不仅影响到某一项评价指标的评价结果，而且还影响到其他指标的评价结果，这是因为各个评价指标间的权重数值相互制约，当某个指标的权重设定较大时，另外一些指标的权重则较小，如果对权重数值进行改变，就可能引起被评价对象优劣势顺序发生变化。由于权重的确定将直接影响到评价的结果，所以，它在评价中起到了举足轻重的作用。在利用层次分析法确定指标权值的过程中，指标间的相对重要度得以确定，是根据数据资料、专家咨询意见和分析者的认识加以综合而明确的。

6.2.3 高速公路不同结构部位生态景观评价标准制定研究

对于各要素的评分都建立在其对上一层指标的影响程度的大小，自身的优劣度，依据相关的文献资料，对实地考察，以及走访调查的结果进行评分，暂定评分采用10分制，分为5个等级，每2个分为一个等级。对于不同的评价要素采用不同的程度表示。比如：很高、高、一般、较低、低。对于具体各指标评分将在今后通过对现有各种指标的影响因素以及对绕城高速公路景观的现状调查后进行分别评分列表。

1．中央分隔带

中央分隔带栽植主要是从防眩的角度来考虑，除此外还有吸尘防噪、净化空气、降低路面温度的辅助功能。

美感度：是指中央分隔带植物选择的种类组成以及外观造型，这包括植物本身的美感度以及搭配形成的视觉景观形象。主要从植物本身外观形态美观度、搭配形式视觉效果、修建栽植方式、季相景观变化等四个方面进行判断评价。

覆盖度：指个体植物或者不同植物类型搭配之间的密度，覆盖度的判断评价以植株自身的枝叶密度以及之间的距离判定。

自然度：从植被的破坏程度以及可恢复的能力结合现有植被的生长情况进行判断。

中央分隔带景观评价标准 　　　　表6-5

评价指标	评价标准（分）				
	0~2	2.1~4	4.1~6	6.1~8	8.1~10
美感度	弱，植物整体观赏性弱，种类单一，长势不均匀，景观季相无变化	较弱，植物整体观赏性较弱，种类较单一，长势较不均匀，景观季相变化较小	一般，植物整体观赏性一般，种类由2种搭配，长势一般，景观季相变化一般	较好，植物整体观赏性较好，种类由2种以上搭配，长势较好，景观季相变化较大	好，植物整体观赏性好、种类由3种搭配以上，长势好，景观季相变化大
覆盖度	很稀疏，植株间距是植物本身投影宽度的2倍以上（不含2）	较稀疏，植株间距是植物本身投影宽度的1~2倍（不含1）	中等密度，植株间距是植物本身投影宽度的0.5~1倍（不含0.5）	密，植株间距是植物本身投影宽度的0.5倍以下（含0.5）	很密，植株之间紧密挨着，基本没有间隙
自然度	植被破坏极其严重，基本无法恢复	植被破坏较为严重，能进行一定程度的恢复	植被破坏干扰较为明显，但基本可以恢复	植被破坏较为轻微，能进行较高程度的恢复	植被基本没有被破坏干扰

中央分隔带生态景观评价标准中的评价指标权重分别为：美感度0.5，覆盖度0.4，自然度0.1。

2．填方段绿化

填方段绿化的目的主要是保护和稳定路基边坡，减少水土流失，吸收有害气体，创造优美的行车环境，丰富公路景观，隔离外界干扰。

美感度：填方段的美感度主要包括平面以及立面的整体所呈现出的优美程度，通过外观造型、材质、颜色、规模等方面的因素进行综合考虑打分。

覆盖率（度）：填方段绿化植被的垂直投影面积占一该用地总面积的百分比。此处的植被覆盖率是针对边坡而言的，将覆盖率100%平均分成5个等级；水土保持状况通过边坡沟蚀、面蚀的程度来确定，主要参考了《公路环境保护设计规范》JTG B04—2010确定各等级的相应标准。

自然度：主要从公路的修建对于该地区地形地貌受人类破坏的程度及恢复的难易程度评价。

填方段绿化景观评价标准　　　　　　　表6-6

评价指标	评价标准（分）				
	0~2	2.1~4	4.1~6	6.1~8	8.1~10
美感度	弱，边坡外观形式简单、不灵活	较弱，边坡外观形式较简单、缺乏整体性	一般，边坡外观形式有一定的美感	较好，边坡的外观形式变化较丰富，给人较为舒适的感受	好，边坡的外观形式变化丰富，给人舒适的感受
覆盖率	覆盖率<20%，水土流失极为严重，水土流失>40%	覆盖率20%~40%（包含20%），水土流失严重，为20%~40%（包含40%）	覆盖率40%~60%（包含40%），有明显的沟蚀、面蚀现象，水土流失10%~20%（包含20%）	覆盖率60%~80%（包含60%），有轻微的沟蚀、面蚀现象，水土流失5%~10%（包含10%）	覆盖率≥80%，无沟蚀、面蚀现象，水土流失≤5%
自然度	地形地貌破坏极其严重，基本无法恢复	地形地貌被破坏较为严重，能进行一定程度的恢复	地形地貌被破坏较为明显，基本可以恢复	地形地貌被破坏较为轻微，恢复较高	地形地貌基本没有被破坏

填方段绿化景观评价标准中的评价指标权重分别为：美感度0.5，覆盖率0.3，自然度0.2。

3．挖方段绿化

舒适度：挖方段设计的舒适度是否合理，不仅会给公路建设项目施工、使用带来困难，而且还会使得公路建成后的景观恢复以及检修维护变得困难。挖方段设计舒适度的合理性主要从平面设计、纵断面设计、横断面设计、平面交叉设计、立体交叉设计等方面来衡量。

整体养护、管理：公路在使用过程中公路自身和附属设施会受到外界因素的影响或者自身的老朽腐化而失去原有的功能，对公路整体有效的养护、管理也是公路景观中的一大组成部分，从对公路受破坏程度以及养护、管理的及时程度进行评价。

自然度：主要从公路的修建对于该地区地形地貌受人类破坏的程度及恢复的难易程度评价。

挖方段绿化景观评价标准　　　　　　　　表6-7

评价指标	评价标准（分）				
	0~2	2.1~4	4.1~6	6.1~8	8.1~10
舒适度	不合理，设计完全不考虑当地条件和成本，难施工	较不合理，设计不考虑当地条件和成本，不易施工	一般，设计考虑当地条件和成本，施工方便	较合理，设计考虑当地条件和成本，施工便捷	合理，设计新颖与当地情况巧妙结合，施工便捷
整体养护、管理	差，公路上垃圾多，公路破损处多，无修复痕迹	较差，公路上垃圾较多，公路破损处较多，修复较少	一般，公路上几乎无垃圾，公路破损处已修复	较好，公路路体完善，损坏即时修复，公路干净整洁，设施完善	很好，公路干净整洁，设施齐全，与周围景观环境和谐
自然度	地形地貌破坏极其严重，基本无法恢复	地形地貌被破坏较为严重，能进行一定程度的恢复	地形地貌被破坏较为明显，基本可以恢复	地形地貌被破坏较为轻微，恢复较好	地形地貌基本没有被破坏

挖方段绿化生态景观评价标准中的评价指标权重分别为：舒适度0.4，整体养护、管理0.35，自然度0.25。

4．立交区绿化

美感度：通过立交区的外观造型、材质、颜色、设计的主题与周边环境的融合程度和使用情况等综合考虑进行评价。

舒适度：主要从使用者的使用以及外观呈现的桥梁组合景观的美感度进行评价。

自然度：主要从植被的破坏程度以及可恢复的能力结合现有植被的生长情况，以及从公路的修建对于该地区地形地貌受人类破坏的程度及恢复的难易程度进行评价。

立交区绿化景观评价标准　　　　　　　　表6-8

评价指标	评价标准（分）				
	0~2	2.1~4	4.1~6	6.1~8	8.1~10
舒适度（使用者）	不舒适，整体设计不合理，视距短，转弯处设计不合理	较舒适，行驶路线较慢，使用不顺畅	一般，使用有一定的舒适性	较好，整体设计较合理，使用较为舒适	好，整体设计合理，使用很舒适

续表

评价指标	评价标准（分）				
	0~2	2.1~4	4.1~6	6.1~8	8.1~10
美感度	弱，观赏性弱，外观线条呆板，无变化，无特色，造型简单，与周边环境不融合	较弱，造型简单，线条感弱，观赏性较差，特色不突出，与周边环境融合性差	一般，造型有一定的线条感、观赏性、特色，与周边环境融合性较好	较好，外观造型好，线条较为流畅，观赏性较好，具有地方特色，有一定的文化内涵，与周边环境融合性较好	好，外观造型新颖，线条流畅，观赏性很强，特色明显，文化寓意浓郁，特色性较强，与周边环境融合性很好
自然度	植被受到人为破坏极其严重，基本无法恢复；地形地貌被破坏极其严重，基本无法恢复	植被受到人为破坏较为严重，能进行一定的恢复；地形地貌被破坏较为严重，能进行一定程度的恢复	植被受到人为破坏干扰较为明显，但基本可以恢复；地形地貌被破坏较为明显，基本可以恢复	植被受到人为破坏较为轻微；地形地貌被破坏较为轻微，恢复的可能性较高	植被基本没有受到人为破坏干扰；地形地貌基本没有被破坏

立交区绿化生态景观评价标准中的评价指标权重分别为：舒适度（使用者）0.45，美感度0.4，自然度0.15。

5. 服务区绿化

高速公路服务区是指设置在高速公路上，主要为车辆、驾乘人员和旅客提供服务的设施，它包括休息、停车检修和辅助设施三部分，是专门为人、车服务的场所和建筑设施范围的称谓。

美感度：从服务区的外观造型、装饰、设施完善程度以及后期的养护管理等方面进行评价。

舒适度：从服务区的各项基本服务设施的完善程度方面进行判断。

自然度：从植被的破坏程度以及可恢复的能力结合现有植被的生长情况进行判断。

服务区绿化景观评价标准　　　　　表6-9

评价指标	评价标准（分）				
	0~2	2.1~4	4.1~6	6.1~8	8.1~10
舒适度	极差	较差	基本完善	比较完善	很完善

续表

评价指标	评价标准（分）				
	0~2	2.1~4	4.1~6	6.1~8	8.1~10
美感度	很差，破损严重，外观陈旧	较差，破损较严重，外观较陈旧	较好，有一定的破损，外观较靓丽	好，无破损之处，外观整体效果靓丽	很好，外观整体效果很靓丽
自然度	植被被破坏极其严重，基本无法恢复	植被被破坏较为严重，能进行一定程度的恢复	植被被破坏较为明显，但基本可以恢复	植被被破坏较为轻微，恢复较好	植被基本没有被破坏

服务区绿化生态景观评价标准中的评价指标权重分别为：舒适度0.45，美感度0.4，自然度0.15。

6. 隧道绿化

美感度：主要从隧道的外观造型、装饰，以及后期的养护管理等方面进行评价。

舒适度：从隧道设置的宽度以及高度、设置的位置以及内部环境的舒适度进行评价。

隧道绿化景观评价标准　　　　表6-10

评价指标	评价标准（分）				
	0~2	2.1~4	4.1~6	6.1~8	8.1~10
舒适度	差，环境差，比例不协调，使用不便	较差，环境较差，使用很不便	一般，卫生条件一般，设计较合理	较好，环境较好，整体舒适度较好	很好，环境很好，使用舒适
美感度	差，无装饰，破损严重	较差，外观无装饰，破损较为严重	一般，外观有一定的装饰，破损较少	较好，外观整洁，进行了一定的装饰	很好，外观装饰效果很好，外部整洁、完善

隧道绿化生态景观评价标准中的评价指标权重分别为：舒适度0.65，美感度0.35。

7. 小结

在利用层次分析法确定指标权值的过程中，指标间的相对重要度值得确定,是根据数据资料、专家咨询意见和分析者的认识加以综合得出。研究调查的专家人数为10人,专家根据高速公路不同结构部位景观进行权重系数0~1的界定,最终取平均值确定各权重系数CPD_j。通过对调查结果的统计,最终计算出高速公路景观评价指标权值,详见表6-11。

高速公路景观评价指标权重　　　　　　　　　表6-11

结构部位	中央分隔带	填方段绿化	挖方段绿化	立交区绿化	服务区绿化	隧道绿化
权重系数(CPD_j)	0.3	0.1	0.1	0.2	0.2	0.1

注:6个不同结构部位的权重系数之和为1。不同的高速公路景观6个结构部位可能不会全部包含,因此将缺少的结构部位的权重系数进行相加,然后除以存在的结构部位个数,得出的平均值加个存在的结构部位相对应的权重系数,从而重新定义各个结构部位的权重系数。

6.2.4 综合评价

按照评价标准,将高速公路不同结构部位景观对应各个指标给予相应分值,将各指标所得分值与其权重值相乘,并将所有指标所得数值相加,最终可以得到该条绕城高速公路的景观评价分别求出各影响因素的组合权重系数CPD_j和评价分值V_j后,便可代入下式求得综合评价G:

$$G = \sum_{i=1}^{n} CPD_j \cdot V_j, \quad n = 6$$

评分法评出的分值在1~10之间,分值越高,说明该条高速公路的沿线生态景观越好,对于不同段生态景观的评价可以对今后相关的景观规划设计提供原始资料以及依据,从而规划出更加协调、宜人的高速公路生态景观,具体可参考以下表格标准,如表6-12所示。

高速公路生态景观评价质量分级表　　　　　　表6-12

评价得分范围	2分以下	2.1~4分	4.1~6分	6.1~8分	8.1~10分
高速公路生态景观评价	极差,景观破碎化极其严重,生态环境恶化,景观无观赏性	较差,景观破碎化较为严重,生态环境较为恶化,景观观赏性低	一般,景观有一定的破碎化,生态环境一般,有一定的景观观赏性	较好,景观没有明显的破碎化,生态环境较好,景观较为丰富,观赏性较好	极佳,景观无破碎化,生态环境得天独厚,物种丰富,景观层次丰富,具有很强的观赏性

6.3 辽宁省经济、环境效益分析

高速公路大规模的修建，为经济建设和社会发展提供必要的交通运输基础条件，但随之而引发的生态影响和环境污染问题也日益突显起来。研究表明，公路对自然资源的破坏和对自然环境的影响范围可达到路线两侧200~300m。目前，公路绿化作为改善公路生态环境、减轻公路生态影响的重要措施已在全世界范围得到广泛应用。近年来，我省的高速公路绿化工作在试验中前进，在探索中发展，但如何进一步降低投入，提高绿化的环境效益，如何为公路使用者提供更好的服务，实现经济效益的最大化，仍需要我们进一步的深入研究和探索。

6.3.1 经济效益分析

高速公路绿化事业同样要讲求经济效益，要结合特点，去创造它的经济效益。只有掌握了绿化的经济效益这个中心环节，才能促进其发展和巩固。绿化直接经济效益指的是经济园林、景观苗圃等提供的直接经济收益。间接经济效益分为三方面，和单纯的工程施工相比，运用绿化方式所节省下的费用，如路基维护等；防眩目、警示性质植物等所起到的缩减事故发生率而收获的间接经济利益；环境改善所赋予的交通经济效益增长而收获的间接经济效益。经济效益是资金占用、成本支出与有用生产成果之间的比较。所谓经济效益好，就是资金占用少，成本支出少，有用成果多。

1．高速公路绿化对经济影响

在新建高速公路绿化工程中，一般绿化种植工程约占总造价的40%。国家规定的技术规范成活率应达到95%以上，但实际上很多工程由于管理不善达不到这样的质量指标，有的成活率不到80%，不但在经济上蒙受重大损失，而且丧失了植物材料宝贵的生长时间，苗圃里多年的培育劳动化为乌有，对整个社会劳动的浪费是难以计算的。

目前我国高速公路绿化体系不完善，大多数绿化偏向城市园林绿化，特别是互通、枢纽、下边坡等区域，往往是种植大面积的模纹、色块来营造景观，这种绿化方式在前期虽然可以形成一定的景观效果，但它不符合高速公路绿化的特点，会加大后期高速公路绿化养护的难度和成本，如果后期绿化养护不到位，还会破坏路域的行车环境，甚至影响整个高速公路生态恢复，浪费绿化资源。

绿地保存率是考核和评价高速公路绿化经济效益的内容之一。有的绿地，由于养护管理不善，一次又一次地重复种植，损大树、种小树，如此循环往复，长期达不到绿化效果，而年年都有新的种植任务，年年都要投资，对经济造成浪费。

2．经济效益

高速公路绿化建设作为一项复杂的系统工程，会消耗巨大的社会资源和自然资源，但是也会带来一定的经济效益。

1）观赏价值：研究发现，在公路绿化空间中，相较于都市中孤植树及修剪草坪等传统景观形式，大众更青睐于群落结构及层次复杂、物种较丰富的草本群落景观。同时，混合形式的草本植物群落种植方式由于多种物种的使用，增加了植物的多样性，而植物多样性又对动物多样性的实现起到了积极作用。

2）药用价值：在我们研究的多年生草本群落中，很多都具有药用价值，比如大活、当归。如果把这些具有药用价值的植物应用到高速公路绿化中，与种植经济综合起来考虑，既可以满足观赏性的需求，又可以带来很好的经济效益。未来随着对草本群落的深入研究，对其经济性的研究也必然突显出来。

3）降低成本：据调查，阜新360km的高速公路养护，每年需要燃油145万元，材料400万元。经过对多年生草本植物群落的研究，并合理地选种、配比，将几种组合方式应用到试验路段，达到了一定的效果。研究实验的草花群落已经达到一种相对稳定状态，减少了部分养护工作，养护成本降低，有利于提高经济效益。

乡土植物的应用，以坚持适地适树为原则，构建了长期并稳定的植物群落。乡土植物是长期自然选择的结果，相对于外来植物材料，其种植成本和养护成本都比较低，成活率高，来自本地的生态环境，能较好地适应条件更为恶劣的公路环境。同时，乡土植物的利用，自然植物群落的营造，有利于创造自然和谐的公路景观，体现了自然之美，节省了资金和资源。

4）生态恢复：在不影响交通的情况下，以高速公路绿化用的乔、灌木植物为主体，利用植物色彩、形态、季相等的差异进行合理配置，在实现互通绿化和观赏功能的同时，能为高速公路长期养护和可持续发展提供苗木。解决全路段养护苗木需求，维持高速公路生态恢复效果的持久性和延续性，降低高速公路管护成本，实现生态、经济、景观功能的一体化。

5）吸引投资：高速公路绿化是一个城市的门面，在社会发展不断加快的进程中，绿色环境逐渐成为吸引投资的一种重要的潜在生产力，一种不可忽视的环境资本，为城市的可持续发展提供强有力的保障。在环境得到大幅度改善和优化，高速公路景观得到进一步美化之后，来自各地的投资商都会将绿化建设优越的地方定位为投资目标地。

6.3.2 环境效益分析

环境效益是对人类社会活动环境后果的衡量。由于人类的生活和生产活动必然会引起环境发生各种各样的变化，这些变化对人类的继续生存和社会的持续发展的反作用是不相同的，因此人类需要从自然、经济、人文等多种角度，对人类活动可能导致的环境变化进行综合评估和衡量。从根本上来说，环境效益是经济效益的基础，经济效益是环境效益的后果，两者互为条件，相互影响，是辩证统一的关系。

在高速公路建设中，土壤被破坏、土质差、水土流失，土壤大部分营养被带走，导致植被生长不良，动物成长环境破坏，有的野生动物难以适应这样的生存环境，遭遇灭亡的威胁。高速公路里程长，分为不同的路段，各路段的绿化效果不同，变化的绿化效果要与各路段所处的地形地貌相结合，才能使景观丰富，发挥其环境效益。水土保持、空气净化、减弱噪声、降低风沙危害、保持适宜温度和湿度、减少有害气体的作用。

1. 高速公路绿化对环境影响

高速公路绿化是公路建设的一项重要内容，在目前公路设计文件中，环境保护设计中含有公路绿化的内容，但一般不尽完善，还常常出现绿化设计与线路设计不配套的问题，往往当道路竣工通车时，线形流畅，路面整洁，标志、标线齐全，唯独绿化工程跟不上。这主要是人们目前对公路绿化的意义认识不足，认为绿化工程关系不大，早些晚些完成没什么。另外是公路绿化的技术规范和技术标准还不完善，也给公路绿化工作带来了一定的困难。

绿化可以对公路起到保护作用，树木或草坪通过树冠、根系、地被覆盖等可以固着土壤、涵养水源、阻止或减少地表径流、降低雨水冲刷路基地引起的危害，在高填方路段，这种作用更加明显。树木在它的生命活动中，除了利用太阳的光和热以外，还可以吸收周围空气中的能量，1hm^{2}阔叶林，夏季每天可以蒸发2600L水，草坪等植物的叶面积，一般为地面面积的20倍左右，茂密的茎和叶通过蒸腾作用，能使周围空气中的水分增加20%左右，并且绿色植物在进行光合作用过程中，会吸收二氧化碳释放出氧气。因此，绿化后的环境将比露天地区气温低5~6℃，而且湿度较大，且变化缓慢，可以造成特殊的"小气候"，这样可以调节路面温度与湿度，对防止路面老化起到一定的作用。成功的公路绿化，不仅可以美化路容、改善景观，更重要的是可以降低噪声干扰和防止环境污染。

2．带来的环境效益

高速公路绿化不仅能营造优美的行车环境，还能产生一定的环境效益。长期以来，林业、农业等有关行业对环境效益进行了计算，交通行业近几年才开始对绿化产生的环境效益进行探讨。

1）生物多样：多年生草花群落与传统草坪相比，减少了用水量，农药用量，杀虫剂用量以及空气污染。它将成为一个稳定的生态系统，为动物和昆虫提供食物和庇护所，并且保护那些本地生的动植物。草花群落吸引鸟类和昆虫，特别是蝴蝶，所以对于生态的恢复很有帮助。生物多样性是生态上的一个关键，多年生草花群落可以增加这种多样性。

2）水土保持：植物的水土保持功能主要体现在以下几个方面：植物茎叶可拦截降雨，以减小雨滴对坡面的冲刷强度，保持土壤层；草类、乔灌树干及植物落叶能够减少坡面径流的形成；须根的加筋作用及垂直根系的锚固作用可增强土体的抗剪强度和稳定性；植被覆盖的土壤层可通过拦截、吸收、蓄积降水来涵养大量水源。

不同类型的生态系统，其保土生效时间及有效期限也不尽相同，高速公路裸露边坡和开挖面如果不采取修复措施，将会导致严重的水土流失，因此，通过绿化，利用植物保持水土，便可创造一定的环境效益，即水土保持经济价值。

3）固碳释氧：植物通过光合作用，吸收CO_2并释放出O_2，以平衡空气中CO_2和O_2含量，有效缓解温室效应，稳定气候。因此，高速公路绿化在缓解路域小气候方面起着重要作用。

4）净化空气：净化空气功能包括吸收污染物、阻滞粉尘等。汽车行驶过程中，会产生大量污染物，如：SO_2、NO、NO_2、铅蒸汽等，植物能够通过光合作用吸收有害的化学物质，减少空气中污染物含量。同时，植物能够吸附、阻挡、过滤浮沉和飘尘。乔灌木的存在，一方面能降低风速，使部分质量较大的尘粒由于风速降低而沉降到地面；另一方面，植物的叶子表面能够粘着、吸附部分尘粒。

高速公路绿化景观设计要全面摒弃城市绿化的思想，应从高速公路绿化本身的特点出发，发展适合可持续发展的高速公路绿化体系，在注重生态效益的同时，达到环境效益和经济效益的最大化。目前，全社会各领域都在实践节约型生产和建设，切实保护和合理利用各种资源，提高资源利用效率，标志着节约型绿化逐渐成为未来我国绿化事业发展的主要方向。

第7章

高速公路绿化景观相关
技术实践与探索

高速公路绿化工程施工的意义就在于通过设计和施工将设计意图转化为具体景观。因此在进行施工时，合理搭配好各种乔木类、常绿花灌木类等各种苗木，控制好施工过程的各道工序，以便实现工程的目标以及达到预期景观效果。但是，只是控制好施工过程是不足以保证其质量及成效，还必须加强后期的养护。如果在高速公路绿化工程施工完毕后不能加强养护，就会导致已经种植好的植物树木等，由于自然原因而枯萎死亡，比如缺水或是虫病等等，这样的话，会使得之前的施工完全浪费，没有任何意义。总的来说，提升高速公路绿化工程项目的施工质量、整体建设的质量，就必须要加强后期的养护工作。这就要求相关工作者必须先从思想上重视绿化的后期养护工作，提高苗木的成活率，进而提高工程的施工质量及降低高速公路绿化养护成本。

而本次研究是通过多年生草本植物的群落搭配与配比，形成多种稳定的生态群落，采用喷播与撒播方式，配以不同的组合方式应用到各个地区高速公路上，进而降低植物的养护成本。

7.1　降低高速公路绿化养护成本的设计方法

7.1.1　高速公路绿化养护现状

绿化作为公路的必不可少的组成部分，在当今社会所占的分量越来越大，公路绿化养护约占总养护经费的1/3，高速公路绿化工程后期养护受到各种因素的影响和制约。

1．养护管理体制比较混乱

自改革开放以来，我国发展重心是社会主义经济建设，并且取得了很大成就。高速公路建设因此也获得了长足的发展，并且在政府鼓励下，当前高速公路的建设投资主体多种多样，政府部门、事业单位和企业都有投入资本，因此导致养护管理的主体呈现多元化趋势，使养护管理工作难以统一，很有可能出现混乱情况。不少高速公路的养护管理部门既承担养护管理工作，又承担养护管理的监督工作，形成自己监督自己的情况，导致养护管理工作的质量没办法得到有效保障。另外，高速公路的养护管理工作，需要一定的资金支持。资金主要来自拨款，在实际工作中由于养护管理部门在工作中权利职责不明，导致资金使用效率较低，养护管理水平也较差。同时，由于高速公路路段跨地区较多，养护管理工作处于区域分割和封闭情况，作业方式零散，缺乏机械化和规模化作业，使高速公路养护工作水平比较落后。

2．重建设轻管理思想问题

当前高速公路发展中，不少地区政府相关部门重视高速公路的修建，将更多的精力和时间投入扩大高速公路影响范围的工作中，增加高速公路路线，以促进地区经济发展。但是却对使用中的高速公路养护管理重视不足，这在一定程度上影响了高速公路运营使用过程中的质量和安全。由于对养护工作的重视不足和资源投入欠缺，在实际的养护工作中，不少工作人员的综合素质也比较差，对养护管理的规范和标准缺乏足够的认识。而且由于养护管理的相关法律法规约束也较少，一些养护管理问题的责任追查、监管和处罚工作没有做到位，这些都是导致养护管理工作有效性较差的原因。另外，我国大多数的高速公路为维护管理工作依旧停留在传统手段的应用，缺乏新技术新设备的引进和改革，养护管理工作水平较低，很多先进技术工艺没有得到大规模推广。再加上前期建设中资金投入较多，导致后期养护资金支持力度不足，也是影响养护管理工作的重要原因。

3．养护设备配套不足

在经济全球化的影响下，我国高速公路事业发展也在不断地学习国外的先进经验，其中在养护管理中也引进了一些先进的高性能机械设备。但是由于我国整体养护管理水平较低，这些先进设备没有配套设施，能够发挥出的功能和作用受到了一定限制。这使得即使高速公路引进了先进设备和技术，也没有办法充分利用其功能，反而是浪费了资源，给高速公路的养护管理工作带来消极影响。

7.1.2 高速公路绿化养护成本构成及控制方式

1．养护成本构成

从道路绿化的组成分类，高速公路绿化可以分为公路路体绿化、互通区绿化、服务区绿化三大部分。其中，公路路体绿化是高速公路绿化中最主要的部分，其又可以分为三个部分，分别是中央分隔带绿化、路堑路堤护坡绿化、路侧防护林带绿化；服务区绿化从各个组成要素又可以分为五个小部分，分别是服务区大型广场绿化，宾馆、旅店区周围绿化，餐馆区绿化，加油站、管理站绿化，防护绿地及预留地区绿化。成本属于商品经济的价值范畴，一般指人们要进行生产经营性活动或达到一定目的，就必须耗费一定资源（人力、物力和财力），其所费资源的货币表现及其对象化称之为成本，而养护成本主要是指为了维护高速公路绿化而需要支付的费用。

2．养护成本的控制方式

单纯的利用草花群落降低养护成本是远远不够的，高速公路绿化养护成本控制的关键在于资金，注重养护费用制度额度的预算控制，可显著降低养护成本的资金量，并且实现绿化工程资金的高效利用。鉴于人力、物力、财力均与成本费用相互关联，只有解决养护费用收支问题，才能从根本上控制绿化养护成本。

1）合理控制人工费

按预算收入将各部分工程人工费进行分解，列出工序预算，以便日常控制。实际养护期间，承包公司要结合现有的人力资源，建立"轮班制度"以优化人员结构，这样可以减少不必要的人工费用开支，达到降低养护成本的目的，推动高速公路绿化收益的增长。

2）合理控制材料费

无论是哪一种工程建设，材料费用是所有成本耗资中最多的，一般占60%~80%的比例，加强对材料费用的控制力度还是很有必要的。例如，绿化材料价格随行就市，在材料采购上要货比三家，选择质量优、价格合理、运输方便的苗木；承包公司可与绿化材料生产商建立长期合作关系，以最优惠的价格采购养护材料。

3）合理控制机械费

由于绿化项目施工的特殊性，实际的机械利用率往往不可能达到预算定额的水平。施工图预算的机械使用费也往往小于实际发生的机械使用费，形成机使用费超支。控制机械设备费用，要规划好各种类型设备的使用制度，按照规定的时间、地点、项目等要素，科学地分配机械设备参与施工，减少设备故障维修产生的费用。

7.1.3 降低高速公路绿化养护成本的措施

1．计划管理、控制成本

绿化养护主要集中在 3~11 月份，养护结束后对一年工作进行总结，并参照往年管理经验、费用支出、养护效果等做好下个年度养护计划；将养护过程中涉及的所有费用进行月度分解，做好成本预算控制工作；在具体实施过程中，可实行工作包到部门、责任到人、计量考核、绩效奖励等多种工作方式，充分调动员工积极性、增强责任心、提高工作效率；可定期组织员工技术培训、技能比赛、提高员工技术水平，从而达到提高养护质量，降低养护成本的目的。

确保工程质量施工放线是施工前的一个重要环节，在放线过程中，应及时发现问题，对设计不合理的地方及时与设计方取得联系，进行合理修改。否则，一旦施工后，再改就会很麻烦，还会涉及不必要的二次施工等一系列相关费用支出。施工过程中应抓好苗木规格、质量、场地平整、地形处理、施工栽植及影响苗木成活和施工质量等各个工作环节的质量监督、验收工作，确保施工质量符合设计要求，减少重复返工，提高苗木成活率，从而降低施工成本费用支出。

2．降低绿化成本，提高养护质量

合理灌溉，节约水源。我国北方，全年养护浇水费用占养护资金的45%左右，所以采取合理的浇水方法和节水措施是相当重要的，可节省一大部分费用开支。根据实践经验总结如下：①使用节水的灌溉设备（喷头、滴灌等）和操作方法（尽量减少人工手拿水管浇水，采用喷头或滴灌等节水方法）既可提高工作效率，又可达到节约的目的。②采取少量多次的灌溉方法（保证苗木成活即可）。③通过合理修剪来节水，如：草坪剪后浇水，较修剪前大约可节省1/3的用水量和浇水时间，所以草坪越高，浇水所需的费用也越多。④在早晨和傍晚灌溉，夏季可在晚间，这几个时段日照弱或无，气温较低，能有效减少灌溉过程中的蒸腾损失。

要根据品种类型来合理施肥。经过多年的绿化养成积累的经验，要有效控制绿化养护成本，需根据苗木生长势等情况适量增加或减少施肥次数，或收集落叶沤制有机肥，从而节约一部分材料费。绿化苗木在正常养护过程中，一般春、秋各施肥1次，即使苗木生长良好。春季可结合浇解冻水进行施肥，花灌木类以复合肥为主；草坪、色带等观叶绿化苗木，以尿素为主；秋季应该以磷、钾肥为主，促进枝条充实，提高抗性，使植株顺利过冬。根据需要采取穴施、撒施、喷施等方法，并依据不同的树木品种、规格大小等因素，掌握合理的施肥量，避免施肥量过多，造成浪费和烧苗现象。

抓住病虫害关键防治期。病虫害"以预防为主，综合防治"为原则，综合防治措施有植物检疫、生物防治、栽培措施防治、化学防治等。如前所述，树种选择要互相搭配，避免将两个转主寄生的树木邻近栽植。防护林也要每隔一段距离换个树种，病害发生时可起到隔离作用。其次要对症施药，注意药剂比例，不同品种的药剂要轮换使用，防止病虫害产生抗药性。春夏季是病虫害的高峰期，要特别注意做好病虫害防治工作，修整树形，剪除枯树病枝，清除虫卵、虫茧，以减少虫源。

根据植物生长规律和设计规划要求定期进行合理修剪与松土除草。重视整形修剪、除杂草，这样可以提高绿化植物的成活率。一般成年树在一定高度进行剪截，可以刺激隐藏表皮层内的隐芽萌发，形成年轻枝条，更新复壮。杂草可采取人工拔草、喷除草剂等方法防治。安排的种植人员，必须经过专业的培训考核，符合专业要求才能投入到养护工作中。修剪次数要根据植物品种以及生长势等情况进行合理确定，以便能够使树木保持最好的生长状态，减少施肥量和浇水量，降低材料成本。

7.1.4 多年生草本植物群落的应用

草花群落是一种自然优美、具有亲和力的应用形式。它起源于欧洲，目前在欧美发达国家应用十分广泛，通常用作公园绿化、庭院绿化及高速公路景观布置等。我国草花混播形式应用较少，但随着绿化水平的提高，已逐渐受到重视。而目前高速公路绿化中多用草坪、草皮进行覆盖绿化，缺乏生机与活力，景观效果差强人意，如果采用种植草花的绿化形式，短期内就可形成色彩丰富的景观效果，同时又能降低养护管理的费用。因此多年生草花群落绿化形式在高速公路绿化具有广阔的应用前景。

1. 养护优势

根据宿根花卉冠丛和植物繁殖特点，公路绿化中，单位面积平均只需18株，单位面积建植费用要大大低于草坪和乔灌木绿化方式，仅为草坪绿化建植费用的50%。从养护投资来看，宿根花卉由于其具有发达的根系，仅在建植初期需要进行人工灌溉,平稳渡过萌芽期和苗期后,一旦成活,在年平均降雨量500mm的地区基本无须灌溉,因此宿根花卉的养护费用也比较低。较低的建植费用和养护成本是宿根花卉能在高速公路大面积推广的重要依据。

阜新高速公路全长约360km,每年养护需要燃油145万元,材料400万元,养护成本占一个很大的比例。应用多年生草花群落可以大大降低高速公路绿化的养护成本,多年生花卉则可以常年生长开花(表7-1)。此外,配制的花卉群落组合还能达到花色范围最广、开花时期最长的目的。多种草花的组合则能达到春、夏、秋三季有花,达到四季有景的效果。多年生草花群落混播通过混合播种的手段建立,在准备好的地面上均匀撒播,稍加覆盖压实即可,播后2个月就可达到多种植物盛开的壮丽景观。且对水肥条件要求较低,只需在播种后和幼苗期浇水、除草,其他时期无须特殊的养护管理,一般也不需施肥,大大减少了人力和财力。通过播种建植,不仅景观富有吸引力,而且在较低的管理水平下就能有效地与杂草竞争。在高速公路上,采用喷播与撒播方式,与铺草皮、撒草籽比其养护成本大幅度降低。

高速公路沿线物种配比表　　　　　　　表7-1

	3480m²(g)	
Andropogon scoparius 'Prairie Blue'	81.882	须芒草'草原蓝调'
Belamcanda chinensis	2 784.000	射干
Campanula glomerata	5.568	聚花风铃草
Chrysanthemum coccineum\ Pyrethrum c	119.314	除虫菊
Coreopsis grandiflora	69.600	金鸡菊-高杆\大花金鸡菊
Echinacea angustifolia	278.400	紫松果菊'侏儒'
Erigeon speciosus (blue/pink)	15.467	美丽飞蓬
Euphorbia polychroma	128.000	金黄大戟
Hylotelephium erythrostictum\Sedum	6.187	八宝景天
Hyssopus officinalis	46.400	神香草
Linaria vulgaris	15.185	柳穿鱼
Lychnis fulgens	87.000	剪秋萝
Nepeta nervosa 'Blue Moon'	25.309	荆芥'蓝月亮'
Nepeta nervosa 'Pink Cat'	37.964	荆芥'粉猫'
Oenothera speciosa	13.385	美丽月见草

续表

	3480m²(g)	
Penstemon campanulatus (High)	77.333	钓钟柳—高杆
Platycodon grandiflorus	69.600	桔梗
Polemonium coeruleum	27.840	花荵
Rudbeckia fulgida Goldsturm	92.800	宿根金光菊金色风暴
Ruellia humilis	309.333	蔓性芦莉
Sedum aizoon	13.257	三七景天
Sedum 'Emperor's Waves'	11.136	景天'帝王'
Stachys byzantina	49.863	绵毛水苏
Veronica spicata	4.283	穗花婆婆纳

2. 高速公路多年生草本植物群落的养护

本次课题，依托沈阳建筑大学多年生草本植物群落研究基地，对高速公路沿线绿化进行实验，并选择了一些适合的物种进行配比组合。

以阜新高速公路实验段为例，对养护方式进行说明：

1）浇水：播种初期土壤稍湿润一些，确保种子发芽，以后水分则不可过多。刚刚种植时应先浇透水，使其4~6星期保持一定的湿度，逐渐减少浇水量。等苗长成后，适当减少浇水量。边坡处浇水时应注意不能产生水分流失和发生径流。如果天气炎热，土壤干燥，可用莲蓬头每天清晨或傍晚喷水1次，防止积水。浇水一般应遵循土地干至一定程度再灌水的法则。每天喷灌的做法是不明智的，可用以下方法确定是否需要灌水：①植株观察法：当缺水时，表现出不同程度的萎蔫，进而失去光泽，此时需要灌水。②土壤含水量检测法：用小刀或土壤钻分层取土。当土壤上层干至10~15cm时，就需要灌水。

2）去除无纺布：播种后，要经常检查出苗情况，发现种子已经发芽生长2~3片真叶，应将覆盖物逐渐揭去，使幼苗逐渐见到阳光。

3）杂草控制：苗期控制杂草生长过程中最不容易解决的问题，一旦种子发芽，相应的杂草控制也应当跟上。高速公路杂草控制主要采用人工拔除，在能够区分杂草和花卉之后，对工人进行培训，区分杂草与花苗，尽快拔除杂草。这一过程费工费时，但十分重要，尤其要注意对工人进行培训要耐心、细致，避免不要将花苗误当杂草拔除。

4）修剪：多年生草本植物管理较为粗放，各组合花期过后的植株，一般在入冬之前需修剪一次，留茬高度最好在5~6cm，然后进行浇水。组合中的花卉配置是非规划性质的自我配置，形成一种放松、自然的韵律感。所以管理上，应在花卉种子成熟后，才可进行修剪，否则会影响第二年的景观效果。

5）施肥：如果土壤贫瘠，则需要补充营养，修剪后用N：P：K=1：1：1比例的复合肥施肥，用量为5kg/1000m^2。

6）病虫害防治：当出现病虫害时，立即上报，请相关技术人员鉴定病虫害后，配制药物进行喷洒。

高速公路绿化养护方式方法很多，本文主要研究多年生草本群落在养护方面带来的新方向。在多年生草本群落设计研究的基础上，追求生态环境的同时，只有合理地控制养护支出，计划管理，提高养护质量，这几个方面相互配合，找到一个合适的平衡点，才能有效的降低高速公路绿化养护成本。

7.2 适合辽宁省高速公路的多年生草本植物培育

城市是人类最集中的集聚地，人类的过度开发建设，使城市原有的自然生态环境受到极大破坏，人类赖以生存的生物多样性正急剧减少，这影响了城市生态环境的稳定与协调发展。如何保护和发展城市的生物多样性，是我国生物多样性保护的一个不容忽视的问题。要丰富高速公路系统的生物多样性，途径之一就是要增加其植物的多样性，形成合理的人工群落结构，使上层的乔木中层的灌木及下层的草本花卉和地被植物相得益彰，人工群落和自然群落完美结合。

自改革开放以来，我国城市园林绿化工作取得了显著的成绩，对改善城市居民的生活环境做出了巨大贡献。随着现代生活水平的提高，人们对城市环境要求越来越高，城市的绿化、美化水平直接影响到人们的生活质量和水平。由于多年生草本植物能够美化净化环境，对提高城市的绿化景观和环境质量大有益处，它已经成为城市园林绿地建设中重要的一环。

7.2.1 多年生本土草本植物鉴定、收集和萌发测试培育

在辽宁省交通厅中国寒冷地区（辽宁）高速公路景观生态廊道化研究项目

中，从国内种子公司及苗圃可购买的种质资源是科研工作开展的重要瓶颈。我们将探索设计具有地域景观特色、且可持续的生态草本植物群落景观，因此，原生草本植物是我们科研工作的关注重点。但是目前国内关注且培育本土草本植物的苗圃极其有限，在中国无法大量购买到关键的原生草本植物种子来满足设计需求。鉴于这些道路景观生态廊道的性质（例如通常远离城市等），要想实现后期低维护这一基本目标，唯一合理且行之有效的解决方法是使用该地区的原生植物来建立生态草本植物群落，用以稳定边坡，为旅客提供视觉享受，同时营造生物廊道，奠定生态服务的基础。

正如本报告多次论及的不同地域特征，在规划设计中必须先宏观地分析确定道路景观植被基调。在辽宁省境内，随处可见非常陡峭的高速公路道路断面，适合这种道路边坡（往往是岩屑）的物种，通常是木本植物，用以形成灌木丛和林地景观。林地是辽宁省境内最具特色且典型的（自然）植被，因此在大面积的路段建议保留林地景观特色，用拟自然的手法选择当地的木本植物，建立生态木本群落。而在接近城镇和城市的道路沿线，司机和乘客对道路景观的关注度更高，行车速度的减缓也使得人与道路环境更为密切。在这些区域广泛应用草本植物，在自然草甸和林地的边缘（林缘）建立极具吸引力的生态草本植物群落是值得大力推广的种植形式。而在省内最为干旱的地区，自然植被多为草原和开阔的林地，因此，道路景观的营造也应打造草原和疏林相结合的拟自然植被特征。

当前，可用于在自然草甸和林地边缘建立生态草本植物群落的草本植物植株或其种子在中国苗圃和种子公司几乎没有市场供应。

因此，对辽宁本地野草花甸物种的鉴定、收集和萌发测试的研究目标如下：

- 鉴定用于与常规道路基础种植设计结合使用的关键草花物种；
- 野外采集选定物种的种子；
- 在大学实验基地或当地苗圃进行种子萌发测试和后期培育；
- 了解各物种的萌发特性；
- 以优质种子和植株为基础建立相应的种子苗木本土商业供应产业。

2015年以来，本科研团队依托沈阳建筑大学多年生草本植物群落研究基地，陆续开展辽宁省范围内的野生花卉的驯化研究以及部分国外进口种子引进与栽培研究。已初步建立种子库，收集整理了82种野生花卉进行引种实验。

1．确定关键物种

选择确定采集的关键物种是基于詹姆斯·希契莫夫教授（英国谢菲尔德大学）的经验和对中国植物多年的知识储备。根据研究各物种在中国的地理分布、在其栖息地中的角色，以及在西欧和欧洲以外的景观设计中的应用案例，希契莫夫教授初步确定了几种植物类型。事实上，许多中国的草本植物早在欧洲实现了比在中国更为广泛的应用，在城市景观和郊野景观中成为当地草本植物群落不可或缺的组成部分。在道路景观绿化中，不少中国草本植物和当地的环境也实现了很好的融合，给人带来视觉享受，并为整个草本植物群落延长花期。

整个科研的初始阶段，我们利用Eflora of China这个网站（http：//www.efloras.org/flora_page.aspx?flora_id=2）生成了一个辽宁省本土物种列表（图7-1）。然后根据列表进行物种选择，将列表中的植物按照景观应用潜力分为非常有价值、比较有价值、基本没有价值等几个层次。整个列表包含约2000种草本花卉植物，如图7-1所示。

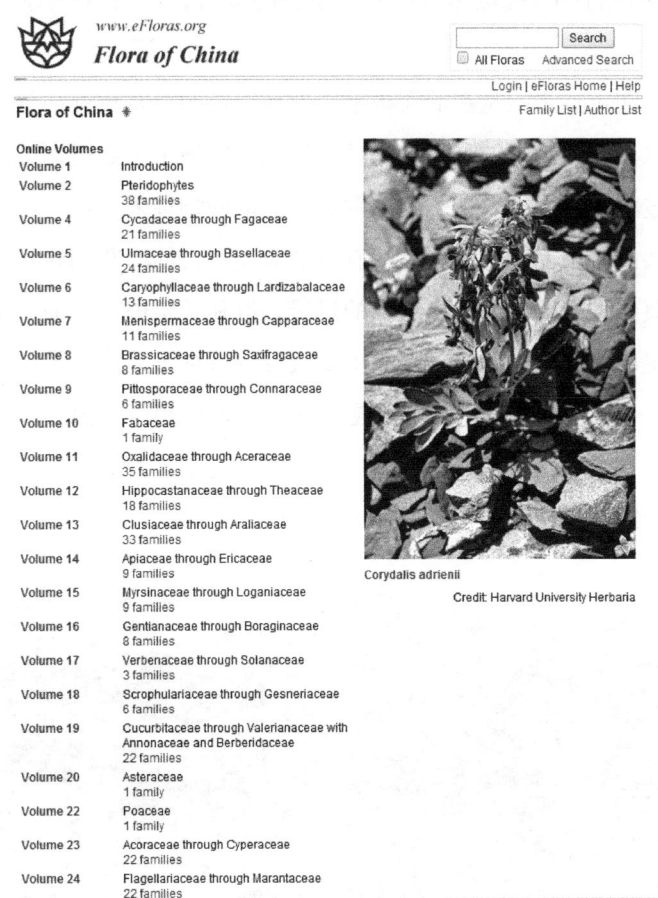

图7-1　植物种类查询表

从这个列表中希契莫夫教授最终选择了约200种具有景观应用潜力的植物。沈阳建筑大学的科研人员随后与当地专家讨论并确定了这些植物的分布地域，以便项目团队快速准确的定位，开展野外种质采集工作。

2. 野外种质采集

2015年6～9月科研团队根据事先选定的区域，在辽宁省及相关类似气候条件区域进行野外野花植被考察，确定引种植物，委派专人采集经确认的有景观价值的物种种子，同时对辽宁省地区及相关类似气候条件区域进行大区域景观特征界定。2015年8月至2016年9月以来，沈阳建筑大学与英国谢菲尔德大学的科研团队以本溪四方顶、丹东宽甸、铁岭西丰白石砬子保护区、调兵山、大青沟为主要野生多年生草本花卉采集种子地点进行野外种子采集工作。在考察路上，希契莫夫教授根据其经验鉴定列表中的植物及其所在的自然植物群落。随后我们利用红丝带对正在开花的植物进行标记，随后由专人在种子成熟后进行采种，同时进行GPS定位作为信息库重要的资料，如图7-2所示为现场调研情况。

考察的关注重点之一是在低海拔地区发现留存的草花物种，低海拔区域采集的物种可以比高海拔区域采集的物种更好地适应城市中心逐渐升高的空气温度。在考察过程中，我们发现一处非常具有价值的物种采集地，石灰岩形成的山地——调兵山，山上幸存了大量的有景观应用潜力的草花和观赏草物种。詹姆斯·希契莫夫教授对沈阳建筑大学的科研人员和学生进行培训，培训他们如何识别和采集成熟可用的种子。随后由专人负责将种子采集并带回编号储存在纸袋中。这个过程通常在9～11月完成。科研团队在2015～2016年采集了约80种野生花卉的种子（部分草花照片，见图7-3），建立种子库用于基地实验与培育，所采集的野生草花种子主要包括（表7-2）：

图7-2 调研照片

采集的野花名录及其采集地　　　　　　表7-2

中文名	拉丁名	采集地
黄花乌头	Aconitum coreanum	本溪
乌头	Aconitum jaluense	丹东、铁岭
北乌头	Aconitum kusnezoffii	本溪
塔型黄色乌头	Aconitum vulparia	本溪
展枝沙参	Adenophora divaricata	铁岭
沙参	Adenophora stricta	丹东
轮叶沙参	Adenophora tetraphylla	铁岭
筋骨草	Ajuga ciliata	本溪
蒙古韭菜	Allium mongolicum	大青沟
紫花山韭	Allium senescens	本溪
黑水银莲花	Anemone amurensis	本溪
狭叶当归	Angelica anomala	本溪
大活	Angelica dahurica	铁岭
朝鲜当归	Angelica gigas	本溪
拐芹当归	Angelica polymorpha	本溪、丹东
龙芽楤木	Aralia elata	本溪
三褶脉紫菀	Aster ageratoides	本溪
东风菜	Aster scaber	本溪
紫菀	Aster tataricus	丹东、铁岭
紫菀（矮生种）	Aster tataricus dwarf	丹东
朝鲜落新妇	Astilbe koreana	本溪
中国落新妇	Astilbe chinensis	丹东、铁岭、本溪
蒿属植物	Artemisia spp.	调兵山
柴胡属植物	Bupleurum spp.	调兵山
灯台树	Bothrocaryum controversum	本溪
翠菊	Callistephus chinensis	铁岭
聚花风铃草	Campanula glomerata	本溪
苔草属植物A	Carex spp. A	本溪
苔草属植物B	Carex spp. B	本溪

续表

中文名	拉丁名	采集地
兴安升麻	Cimicifuga dahurica	本溪
大三叶升麻	Cimicifuga heracleifolia	本溪
单穗升麻	Cimicifuga simplex	本溪
大叶铁线莲	Clematis heracleifolia	本溪
棉团铁线莲	Clematis hexapetala	调兵山
翠雀	Delphinium grandiflorum	调兵山
薄叶荠苨	Denophora remotiflora	本溪
兴安石竹	Dianthus chinensis var. versicolor	铁岭西丰白石砬子保护区、本溪
东风菜	Doellingeria scaber	本溪、丹东
土香薷	Elsholtzia ciliata	本溪
蚊子草	Filipendula palmata	本溪
兴安拉拉藤	Galium dahuricum	本溪
蓬子菜	Galium verum	铁岭西丰白石砬子保护区
小黄花菜	Hemerocallis minor	本溪
阿尔泰狗娃花	Heteropappus altaicus	本溪
狗娃花	Heteropappus hispidus	本溪
东北玉簪'白花'	Hosta ensata	本溪
东北玉簪'紫花'	Hosta ensata	本溪
长药景天	Hylotelephium	本溪
旋覆花	Inula japonica	调兵山
紫花鸢尾	Iris ruthenica	本溪
溪荪鸢尾	Iris sanguinea	本溪
马兰	Kalimeris indica	丹东
蒙古马兰	Kalimeris mongolica	本溪
蹄叶橐吾	Ligularia fischeri	丹东
朝鲜百合	Lilium amabile	本溪
东北百合	Lilium brownii var. viridulum	本溪、铁岭西丰白石砬子保护区
渥丹百合	Lilium concolor	本溪
山丹百合	Lilium pumilum	本溪

续表

中文名	拉丁名	采集地
浅裂剪秋萝	*Lychnis cognata*	丹东
狼尾花	*Lysimachia barystachys*	本溪
千屈菜	*Lythrum salicaria*	本溪
天女木兰	*Magnolia Sieboldii*	本溪
山罗花	*Melampyrum roseum*	调兵山
中国芒草	*Miscanthus chinensis*	调兵山
槭叶草	*Mukdenia rossii*	调兵山
黄花败酱	*Patrinia scabiosifolia*	本溪
岩败酱	*Patrinia rupestris*	铁岭
白花败酱	*Patrinia villosa*	丹东
挂金灯	*Physalis alkekengi* var. *franchetii*	本溪
桔梗	*Platycodon grandiflorus*	铁岭、调兵山
叉分蓼	*Polygonum divaricatum*	本溪、铁岭
白头翁	*Pulsatilla chinensis*	调兵山
白头翁属植物	*Pulsatilla* spp.	调兵山
鼻花属植物	*Rhinanthus* spp.	调兵山
大字杜鹃	*Rhododendron schlippenbachii*	本溪
地榆	*Sanguisorba officinalis*	本溪、铁岭
华北蓝盆花	*Scabiosa tschiliensis*	大青沟、调兵山
黄芩	*Scutellaria baicalensis*	调兵山
八宝景天	*Sedum spectabile*	铁岭
大油芒	*Spodiopogon sibirica*	调兵山
针芒A	*Stipa species A*	调兵山
针芒B	*Stipa species B*	调兵山
关东丁香	*Syringa pubescens*	本溪
辽东丁香	*Syringa wolfii*	本溪
狭叶藜芦	*Veratrum stenophyllum*	本溪
长叶婆婆纳	*Veronica longifolium*	本溪
穗花婆婆纳	*Veronica spicata*	调兵山
鸡树条荚蒾	*Viburnum opulus* var. *calvescens*	本溪

图7-3 部分花草照片
（图片来源：现场拍摄）

图7-3 部分草花照片（续）
（图片来源：现场拍摄）

野外种质的采集一方面是为了掌握适合辽宁省生长的多年生草本植物种类，是对辽宁省野生多年生草本植物的种质资源的初步探索，为营造辽宁省高速公路景观生态廊道的多年生草本植物的植物材料选择提供理论依据。另一方面野外种质的采集也是为了校内基地实验与高速公路路段的实验提供种子材料，为野外种子的驯化实验提供植物材料。

3. 校内基地实验情况

1）校内实验基地简介

2015年1月19日，英国谢菲尔德大学与中国沈阳建筑大学协商并同意联合在沈阳建筑大学校园内开展基于中国植物群落，应用于城市和乡村景观的生态设计、实施和管理的研究项目。该项目得到了学校及学院的大力支持，实验基地项目的选址以及设计方案先后经学院、学校的多次会议讨论，4月初时任校长的石铁矛教授对方案予以肯定，给出了指导意见。从5月份开始步入了政府采购及具体落实阶段。学校方面由国际交流处作为总协调，资产处、学科处、后勤集团、基建处共同推进该项目。目前已由建筑学院完成施工图的初步绘制、土建部分的初步预算。为了满足英方提出的6~7月份初次播种要求，在后勤集团的大力帮助下我们完成了一期场地的大致平整，以及种植区的简单布置，在7月3日英方的曹博士来我校完成了实验基地的第一次播种，目前场地内多数种子都已发芽。

实验基地总面积4700m^2。实验区包括坡地实验区、湿地实验区、旱地实验区以及雨水花园，其中，坡地实验区面积270m^2、湿地实验区面积310m^2、旱地实验区面积1500m^2、雨水花园面积170m^2，实验所用种子类别超过200种，基地从2015年6月开始进行多年生草本花卉至今，对多年生草本花卉的培育取得了初步性的成果。

多年生草本植物群落，是自然界群落演替的一个不可缺少的环节，任何山林河湖的草花植物群落层次，都会有其独特的植物群落，有可能几种、几十种草花植物共同生活在几十平方米的林下，有可能几种草花植物生活在林缘地带或者是湖边等等，我们将系统、科学地研究草花植物混生、种间竞争等群落问题，在实际工程项目中完美地尊重自然、学习自然，可以使我们营造的草花环境生长得更加合理与美丽。

2）校内实验基地种子培育情况

（1）实验种子名录

校内基地进行实验的种子包括国外引进的进口种子与辽宁省本土种子品种。其中国外引进品种数量为127种，其中包括：火焰须芒草（*Andropogon scoparius 'Blaze'*）、紫菀（*Aster spectabilis*）、假龙头（*Physostegia virginiana 'Rosea'*）、剪秋罗（*Lychnis flos-cuculi*）、粉红塔景天（*Sedum ussuriense 'Pink beacon'*）、变色水苏（*Stachys discolor*）、水甘草（*Amsonia hubrichtii*）、千屈菜（*Lythrum salicaria*）、蓝花荵（*Polemonium caeruleum*）等。辽宁省本土多年生草本花卉种子包括：白花败酱（*Patrinia villosa*）、白玉簪（*Hosta ensata*）、聚花风铃草（*Campanula glomerata*）、紫花鸢尾（*Iris ruthenica*）、华北蓝盆花（*Scabiosa tschiliensis*）、八宝景天（*Hylotelephium erythrostictum*）、长叶婆婆纳（*Veronica longirolia*）、辽东丁香（*Syringa wolfii*）、兴安石竹

（*Dianthus chinensis* var. *versicolor*）、落新妇（*Astilbe chinensis*）等。

除此之外，2015年8月以来，科研团队以本溪四方顶、丹东宽甸、铁岭西丰白石砬子保护区、调兵山、大青沟为主要野生多年生草本花卉采集种子地点，将所采约80种野生花卉种子建立种子库用于基地实验与培育，其中包括：薄叶荠苨（*Denophora remotiflora*）、大叶铁线莲（*Clematis heracleifolia*）、百合（*Lilium brownii* var. *viridulum*）、蒙古马兰（*Kalimeris mongolica*）、叉分蓼（*Polygonum divaricatum*）、地榆（*Sanguisorba officinalis*）、东风菜（*Doellingeria scaber*）、当归（*Angelica polymorpha*）、塔形黄色乌头（*Aconitum vulparia*）、岩败酱（*Patriniarupestrissub* sp. *rupestris*）等，见表7-1。

由于大多数种子在2015年10～11月采集完成。当时沈阳建筑大学试验基地的播种测试区已经上冻，所以无法在2015秋季进行播种。大约60个品种的种子在2016年春末播种到450mm × 450mm的木框中，灌溉、观察萌发率。由于许多物种对发芽有一定的低温要求，需要经历至少12周的低温环境才能有效发芽，所以只有少数的百合种子在2016夏季统计中有发芽记录。这些发芽率测试区在观测过程中尽量保持着无杂草的环境，我们预计到2017年春季许多目前没有发芽的物种会在经历2016年冬季低温后有效萌发。我们希望这些品种可以在沈阳建筑大学的实验基地良好生长，进行繁育后各品种实现一定的数量储备，并形成最初的小规模制种产业基础。

（2）草花种子育苗技术实验

在基地的实验育苗过程中，我们将实验基地分为小框育种育苗实验框、3m × 3m大框实验框以及异形实验框。小框内播撒品种为96种国外引进品种，每个品种分别播撒在沙土、底土、腐蚀土三种不同的土壤基质中，品种包括：紫穗槐（*Amorpha canescens*）、马利筋（*Asclepias tuberosa*）、拂子茅（*Calamagrostis brachytricha*）、紫松果菊（*Echinacea pallida*）、琉璃菊（*Stokesia laevis*）、百日草（*Zinnia grandiflora*）、石竹（*Dianthus carthusianorum*）、芫荽花（*Eryngium yuccifolium*）、翠雀（*Delphinium grandiflorum*）、沼泽乳草（*Asclepias incarnata*）、党参（*Codonopsis clematidea*）等。3m × 3m大框内撒播的品种为国外引进品种与从国内大型种子公司购买的适宜沈阳市种植的草花品种，实验目的为测试草花组合中植物间的竞争关系，以实现景观效果良好且稳定发展的多年生草本植物群落景观。异形框亦如此，品种包括：落新妇（*Astilbe chinensis pumila*）、萱草（*Hemerocallis minor*）、月见草（*Oenothera tetragona*）、报春花丽格（*Primula elatior*）、地榆（*Sanguisorba menziesii*)、高山刺芹(*Eryngium yuccifolium*)、玉簪(*Hosta nigrescens*)、长叶婆婆纳(*Veronica longifolia*)、地皮消(*Ruellia humilis*)、百日菊(*Zinnia grandiflora*)等。

基地内草花种子育苗实验方法：

选土过筛：选择介质土，多用草炭土（泥炭土），用细网筛过筛备用。

实验框土壤介质选择以及填土：3m×3m木框（100mm×25mm木方制作），填充介质为沙介质、底土介质、营养土介质。做法：地面清除杂草，将3m×3m木框固定在地面上，分别填充介质75mm厚，洒水自然沉降后保证介质顶与木框顶间距保持在25mm以内。注意事项：木框与地面不留缝隙，以免介质随降雨流失。如果原始场地表面杂草过多，需换土750mm（换无杂草底土或现场深翻土壤，将1m深的底土翻到表层，将含有杂草种子的表土翻到1m以下）。

异形木框按场地平面图制作（100mm×25mm木方制作），其中旱地（高于地平面），湿地（低于地平面），填充介质为沙介质。做法：地面清除杂草，将木框固定在地面上，分别填充沙75mm厚，洒水自然沉降后保证介质顶与木框顶间距保持在25mm以内（旱地与湿地做法见剖面图）。注意事项：同前。

坡地：实验区东北侧坡地整形，分为45°、30°两种坡度的南、北坡面及底土、岩土两种介质。做法：按图纸用底土及岩土两种介质在该地块塑造地形。并将该区域按照南坡北坡、30°或45°、底土或岩土、群落高度分为24个区域，用铁棍拉绳分割。

温室：6m×10m温室，夏季可通风（四周及顶棚带窗），温室内部四周设有铁架或木架种植台、电源、加热设备。

单一植物测试区：6m×6m木框（100mm×25mm木方制作），填充介质为沙。做法：地面清除杂草，将木框固定在地面上，分别填充沙75mm厚，洒水自然沉降后保证介质顶与木框顶间距保持在25mm以内。

①生态排水沟：做法：在坡地的南侧紧邻坡地边缘0.5m设置生态排水沟，沟宽1.2m，深0.5m，介质为沙。

②阴影测试区：模拟荫蔽环境区域，不锈钢柱或木柱上加装透明波纹瓦，并在柱子上每隔0.5m设置铁环，用来固定遮阳网，如图7-4所示。

③杀菌消毒：将填充土后的实验框浸入混配好的杀菌剂溶液中，浸透后播种。

图7-4 实验现场照片

④播种：大粒种子，点播后覆一层细过筛土，喷透水。

⑤覆盖：覆土厚度不要没过种粒（可根据品种要求具体定），小粒种子撒播，但不要覆土。播种后，实验框上覆玻璃片或遮阴网，放于阴棚中。

⑥出苗期管理：根据具体品种控制好种子发芽时需要的温度、湿度、光照等条件。土壤切不可过湿或过干，保证透气，直到种子发芽。出苗后，由于此时苗比较弱，应避免强光照射。

除基地实验框内多年生草花种子的育种育苗，在室内我们也进行了相应的育苗实验。实验方法如下：

第一步：选择容器和土壤介质：容器我们选用的是育苗盒。土壤，我们用的是进口泥炭土加少许椰糠和一点点珍珠岩（泥炭椰糠10∶1），进口泥炭细腻，能够提高发芽率，如图7-5所示。

第二步：准备辅助用品，笔、标签、育苗盒（大小无所谓），以及种子。

第三步：将泥炭填平育苗盒，不用用力压实，正常填平，如图7-6所示。

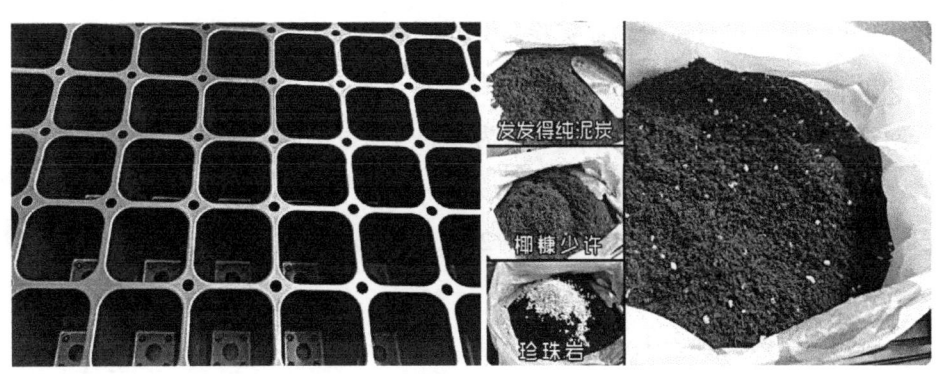

图7-5 实验现场照片

第四步：浇水，又需要一个工具，小喷壶，最好不要直接灌浇，泥炭土比较轻，容易被水冲散，使得育苗盒里的土壤高低不平，不美观。第一次要浇透水，底部有水渗出。

第五步：将种子均匀的种在育苗穴里，并将标签对应写好花名，记录每个品种种子发芽率，如图7-7所示。

图7-6　实验现场照片

 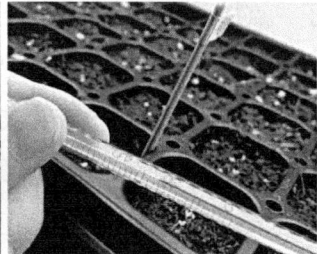 

图7-7　实验现场照片
（图片来源：现场拍摄）

（3）不同处理对五种野生观赏花卉种子萌发影响的实验

除了对种子进行育种育苗外，我们在种子萌发的过程中还研究了不同处理方式对白花败酱、黄花败酱、桔梗、聚花风铃草、华北蓝盆花、黄华乌头5种野生观赏花卉种子萌发的影响。实验内容如下：

实验所用草花种子均为2015年9月在辽宁省内采集的野生草本花卉种子。本实验通过研究微波辐射、不同温度热水浸种等不同处理方式对5种优良野生花卉种子萌发的影响，以期为野生花卉的开发利用提供理论依据。实验时间为2016年6~7月，进行室内发芽实验，供试种子放入垫有1层滤纸的培养皿中，每个培养皿30粒种子。每天记录发芽数，直至不发芽为止。并统计发芽率。不同水温：以17℃（室温）清水浸种为对照。通过不同温度的水温浸种24h之后，然后进行发芽观察。微波辐射首先用清水浸泡种子3h，待自然晾干，用2450Mhz 的微波炉分别辐射种子10s、20s、30s后定时换水。

实验结果与分析：

对白花败酱的种子来说：微波辐射处理对白花败酱种子萌发有一定的促进作用。与对照组的13%发芽率相比，10s、20s、130s微波辐射后，白花败酱种子的发芽率分别为7%、3%、17%。微波辐射30s后的发芽率最高，说明其时间较长的微波对白花败酱的发芽率起到了促进作用，而少于30s的微波则会对白花败酱的种子发芽起到抑制作用。经过不同温度的浸种24h之后，与室温（17℃）对比发现，室温浸种24h后，25℃浸种的白花败酱种子发芽率最高，达到63%，随着浸种温度逐渐升高，其发芽率随之降低，因此在白花败酱的育种过程中，可以采用25℃左右水温浸种，以提高发芽率，缩短发芽时间。

对黄花败酱的种子来说：与对照组发芽率43%相比，经10s、20s、30s的微波辐射后，种子的发芽率变化较大，分别为23%、7%、13%。说明黄花败酱种子对于微波辐射较为敏感。在日后的种植过程中，不需要对其进行微波辐射。除此之外，与常温17℃相比，从25℃至60℃，种子的发芽率逐渐降低，到60℃仅23%，而当浸种水温为70℃时，黄花败酱的发芽率达到了63%。根据实验结果显示70℃的水温浸种对黄花败酱的萌发有明显的促进作用，在育苗生产中可以进行特别推广应用。

对桔梗的种子来说：微波辐射处理对桔梗种子萌发有一定的促进作用。与对照组的77%发芽率相比，10s、20s、30s微波辐射后，桔梗种子的发芽率分别为67%、47%、83%。微波辐射30s后的发芽率最高，说明其时间较长的微波对桔梗的发芽率起到了促进作用，而少于30s的微波则会对桔梗的种子发芽起到一定得抑制作用。经过不同温度的浸种24h之后，与室温（17℃）对比发现，常温条件下，桔梗的发芽率最高，数值达到77%，而40℃的水温浸种最为抑制桔梗的发芽，因此在桔梗的育种过程中，仅室温浸种即可达到提升发芽率的效果。

对聚花风铃草的种子来说：与对照组发芽率27%相比，经10s、20s、30s的微波辐射后，聚花风铃草种子的发芽率逐渐降低，分别为27%、10%、7%。说明聚花风铃草种子对于微波辐射较为敏感。在日后的种植过程中，不需要对其进行微波辐射。实验数据显示常温与50℃的水温浸种，聚花风铃草的种子发芽率相同，都为27%，在25℃与40℃，发芽率分别为20%和23%，到达60℃，种子的发芽率最低仅10%。因此在日后的种植过程中，可以进行常温的浸种，不需要提高水温。

对华北蓝盆花的种子来说：通过实验数据可知，华北兰盆花对于微波辐射非常敏感，且对于种子伤害较大，与不辐射对比，发现经过20s以上的微波辐射，华北兰盆花已经不能发芽。通过实验数据，可以确定不能对华北兰盆花进行微波辐射。华北兰盆花在常温条件下发芽率可以达到27%，其在25℃的浸种条件下发芽率最低，仅为3%，而水温的升高，发芽率逐渐提升，但是没有超过常温条件下，因此在华北兰盆花的育种过程中，常温育种即可。

对华北蓝盆花的种子来说：常温情况下未经过处理的黄花乌头的发芽率为0，经过10秒、20秒微波处理后的黄花乌头也并没有发芽，但经过30秒微波处理后的种子发芽率达到23%，说明微波处理对黄花乌头的发芽有一定的作用，在对黄花乌头的育种育苗试验中可以对其进行30秒微波处理。其次在常温状态下、25℃水温浸泡、40℃水温浸泡、60℃水温浸泡、70℃水温浸泡，黄花乌头种子均为有发芽迹象而经过50℃水温浸泡的黄花乌头的发芽率有明显的提升，说明50℃水温浸泡对黄花乌头的发芽有一定的作用在未来对黄花乌头育种育苗实验中可以对其用50℃水温浸泡方法提升黄花乌头的发芽率。

本研究表明，通过对项目组所采集的种子的发芽率进行测定实验结果分析，可以看出不同种子经过不同手段的处理后，发芽率改善情况均表现出各不相同的结果，与种子的结构和自身的情况有密切的关系。

白花败酱种子与黄花败酱种子的形态和结构相似，但对于外界处理却有着不同的敏感度。白花败酱种子更适宜在25℃的水环境下浸泡后发芽，而黄花败酱种子需要的浸泡温度更高，需要达到70℃其发芽率才发生了明显的变化。

黄花乌头种子的结构相对结实，种皮厚重，自身在外界环境下发芽比较困难，但经过微波和浸泡处理后的种子发芽率明显上升，但相较来看浸泡在50℃水中的黄花乌头比经过微波30秒的黄花乌头种子发芽率结果更高一些，但优势并不明显。故浸泡和微波两种方式均可以在黄花乌头育种育苗实验中进行运用。

聚花风铃草、华北蓝盆花、桔梗三种多年生草本植物的种子结构相对单薄，种皮也并不坚硬厚重。这三种植物的发芽敏感度相对较高，在常温条件下给水便可发芽，过多的人为干涉在一定程度上阻碍了其发芽的情况，所以并不适合用人为的手段对其种子进行处理，提升发芽率。

通过实验发现供试的6个品种：白花败酱、黄花败酱、聚花风铃草、华北蓝盆花、桔梗、黄花乌头在微波处理下的表现均不理想，虽然白花败酱、桔梗和黄花乌头经过微波处理后发芽率上升，但上升的幅度并不明显，其他品种：聚花风铃草、黄花败酱、华北蓝盆花在微波处理后发芽率均出现不同程度的减少，说明微波处理对于本次测试的多年生草本植物种子的发芽率没有明显的促进作用。

4. 高速公路沿线实验区——以阜新段为例

1）场地简介

在阜新市选择两块长深高速公路典型区域进行实验分析。第一块实验区域选择在长深高速K411内80m面向西南朝阳的高坡面；第二块选择在长深高速K424内20m面向东北背阳的低坡面。该场地的选择是因为它们非常具有代表性，被交通部门视为极难通过传统种植进行绿化的典型代表，极其陡峭的风化岩挖方山坡，坡度大于50°，且位于辽宁省西部降雨极其稀少的地区，因此科研难度非常大。

2）方法论

为了验证前几章内各种影响因素对边坡种植多年生草花的效果影响，我们设计了一个对比实验，将K411段场地分成四块约20m×14m的斜坡。每一块设置一个变量并进行编号，这样可以将每种因素作为唯一变量进行对比分析。根据现场情况，由于除草的地块比施工地块多出40m左右，对施工地块进行调整，将灌木丛让开，前20m预留，防止其他草种飘落，实验区域内分区如图7-8所示。同样方法，将K424分成四块约5m×5m的斜坡，实验区域内分区如图7-9所示。

①无麻网喷播

②无麻网撒播

③有麻网喷播

④有麻网撒播

每个实验区域又分成上下两个部分，在2016年对下半部分施肥，上半部分不施肥。按照实验设计，场地在2015年10月完成放线。面向西南朝阳的高坡面十分陡峭，被分成8块7m×20m的区块。面向东北背阳的低坡面要平缓很多，被划分成8块2.5m×5m的区块。

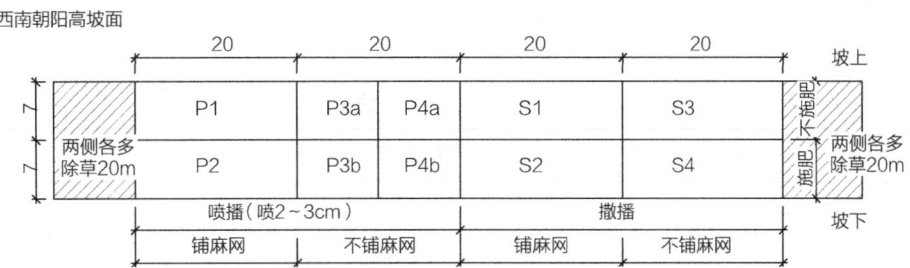

图7-8 实验路段K411西南朝阳的高坡面图

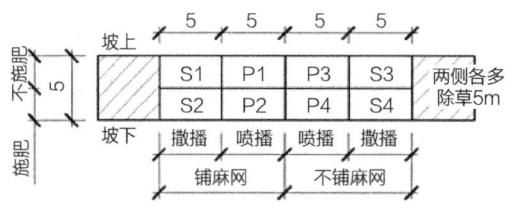

图7-9 实验路段K424面向东北背阳的低坡面图

阜新坡地组合是一个基于当前中国种子市场的商业供应设计的组合。由于中国种子市场可提供的品种极其稀少，同时，能够采购到的品种大多是提供给观赏花卉产业的品种，而不是在生态极端条件下播种使用的，所以市场上几乎没有适合于类似阜新坡地这种非常具有挑战性场地的品种。这大大限制了组合的设计和可呈现的景观效果。而且，在目前中国花卉种子市场上销售的种子质量很难控制，在某些情况下，可能发芽率非常低，导致不理想的实验结果。

中国种子公司采购的种子名录及其幼苗的发芽率目标　　表7-3

拉丁名	中文名	目标幼苗数（m^2）
Anthemis tinctoria	春黄菊	5
Aster oblongifolius	长叶紫菀	3
Bupthalmum salicifolium 'Alpengold'	牛眼菊	3
Campanula carpatica	丛生风铃草	5
Campanula glomerata	聚花风铃草	5
Campanula persicifolia 'Takion'	风铃草'蓝色'	5
Campanula poscharskyana	垂吊风铃草	5
Catananche caerulea	蓝箭菊	5
Coreopsis drummondii	金鸡菊	5
Coreopsis dwarf 'Early Sunrise'	金鸡菊晨光'朝阳'	3
Dianthus barbatus	美国石竹	5
Dianthus carthusianorum	石竹（粉色）	10
Echinacea angustifolia	紫松果菊（侏儒）	3
Erigeon speciosus (blue/pink)	美丽飞蓬	3
Eryngium planum 'Blue Hobbit'	扁叶蓝刺芹'蓝精灵'	5

续表

拉丁名	中文名	目标幼苗数（m^2）
Galium verum	蓬子草	10
Hysoppus officnalis var *aristatus*	神香草	5
Leucanthemum 'Silver Princess'	滨菊'银公主'	3
Linum perenne	蓝亚麻	5
Linum rubrum	红亚麻	
Malva moschata	麝香锦葵	2
Oenothera speciosa	美丽月见草	5
Patrinia scabiosifolia	败酱	2
Salvia nemorosa 'Blaukonigen'	林荫鼠尾草	5
Scabiosa caucasicaa	轮峰菊	5
Scutellaria baicalensis	黄芩	5
Sedum telephium 'Emperors Wave'	紫景天'帝王'	5
Thymus vulgaris	百里香	5

3）场地整理

无论是以撒播还是喷播的方式建立植物群落，都需要事先做好场地整理。场地准备，首先要进行除草，使用草甘膦控制现场顽固的多年生杂草。现场喷洒除草剂两次，第一次喷洒除草剂后，间隔3周，待杂草死后，将表层杂草移除；随后再次喷洒除草剂，"阜新段"剥离50mm厚表土，将其从场地上移除。

（1）边坡植被建立实验

高速公路路基边坡撒播植草的工艺流程及其技术要点：

主要工艺流程有清理坡面、换填种植土、撒播草籽、遮盖麻网以及养护管理。路基的填方一般以石砾、砂砾的粗粒土为主，路基边坡砌拱形骨架或菱形骨架。在施工中，拱形、菱形骨架内充满了石砾、砂砾，导致边坡绿化环境恶劣，路基边坡骨架内填土土质恶劣，不利于植草。在边坡植草之前，必须要将骨架内的石砾、砂砾以及路基、路面工程遗留下来的建筑垃圾等清理干净。在清理边坡过程中，严格控制骨架内的尺寸，一是要确保有足够的覆土厚度。理论上覆土厚度要达到30cm以上，但考虑到经济性及设计要求，可以按照草苗根系实际的生长需要来确定覆土厚度。二是要保证覆土后骨架内植草面要平整，不能溢出骨架，也要保证足够的饱和度。如果在骨架内覆土，坡面高低不

图7-10　实验现场照片

平，加之种植土的自然沉降及雨水冲刷，势必会影响到坡面整体的美观效果。但清理边坡必须要遵循的一个原则，即必须要保证草苗根系生长有一层适宜草苗生长的土壤，如图7-10所示。

①换种植土：清理边坡后换、填种植土。换、填客土时，改良土壤成本较大，且路基边坡骨架内土质不但恶劣，而且还含有大量的砂、石砾，改良土壤作用微弱。所以，我们选择直接换、填土质较好的种植土，一般是适宜植物生长且不含杂草种子的底层土壤，从地表向下50～1000cm的土层。在实际工程操作中，有时候由于缺土严重，且可供使用的外部土壤有限，也可用不含杂草种子的腐殖土掺合土质较差且不含杂草种子的底土来换填。但换填的客土，必须要能保证草种的正常出苗和健康生长，并有效抑制杂草种子的生长。

换土是边坡植草的重点。边坡土质的好坏，与将来草苗的覆盖率有很大关系。边坡骨架内换土，可以稍高于骨架。因为由于土壤的自然沉降，以及下雨或浇水所造成的沉降，如果刚好填满边坡骨架，势必会影响到将来边坡的平整度。另外，在换、填客土时，加强对所使用客土的检验、检测以及前期处理也是很有必要的。一是做到对种植土壤的心中有数，以便种植后的养护管理能合理而恰当的进行。二是防止带有病毒、病虫害，以及酸碱性严重超标的土壤作为客土而换填。对客土消毒是很有必要的，它可以起到杀灭病虫害的作用，减轻种植后的养护成本。

②撒播草种：对于草籽的撒播量，原则上是严格按照设计要求来控制撒播草种的用量，但也可以根据骨架内土质的状况及草籽的好坏，来适当的调整草种用量，以骨架内可以均匀出苗为主要目标。撒播草种的工序一般是耙镂坡面、撒播草籽、耙镂已撒播草籽的坡面、拍实、浇水等依次进行。但在实际施工中，存在不少问题，首先部分路基填方边坡较高且坡度较大，导致耙镂坡面

时，所覆种植土从高处往下溜，影响坡面的平整度。其次撒播的草种，在耙镂过程中也会随种植土而下溜，影响撒播草种的均匀度。在已出苗的边坡来看，高处的骨架内出苗稀疏，往下则出苗密集。究其原因，是种植土带着草种下溜而造成。最后，浇水不但会影响骨架内种植土的沉降，造成骨架内缺土，而且还会将种植土带草籽溜走一部分，影响出苗的均匀度。针对以上问题，在撒播草种时，我们将骨架内开槽撒播，撒播后将土壤拍紧、拍实。以雾化形式来回反复洒水，或者将刚种下草籽的坡面用麻网遮盖后再浇水。

③遮盖无纺布：我们将草籽撒播后的坡面及时地遮盖编织麻网。遮盖麻网有助于减少动物等对种植区域的地表干扰，又可以防止浇水时，水流冲刷坡面带走种植土和草籽，影响最终的景观效果；同时，保水并提高种子发芽率。遮盖麻网时，从上到下平整覆盖，坡顶延伸30cm固定；两幅相接叠加10cm，然后用短钢筋棒固定，固定间距不少于100cm，如图7-11所示。

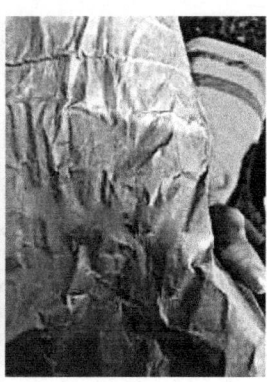

图7-11 撒播现场照片

养护管理草坪建植，三分种七分养。因此，养护管理对后期的出苗及绿化效果有着很大的影响。我们的养护管理工作主要有浇水、施肥、除杂草、病虫害防治等。在浇水方面，由于草花种子是在2015年11月撒播，因此撒播后无须立即浇灌。在经过冬季的低温和雨雪覆盖之后，种子在2016年春陆续发芽。在没有明显自然降雨的前提下，人工浇灌确保每3天浇透水一次，持续4周，之后停止浇灌。浇水时间选择在傍晚或清晨。因为刚发芽的幼苗仍未有效定根，所以浇灌时要控制水流，水柱细而缓，剧烈的水流会冲击幼苗，从而导致草苗在萌芽初期死亡。操作中采用直流喷雾水枪，每次浇透，浇水应遵循少量、多次、均匀原则。待苗出土整齐后便停止人工浇灌，让幼苗接受自然降雨来维持生长。施肥方面，坡面草籽出苗后，浇水及时，追施叶面肥（以氮肥为主），待出苗整齐后，追施磷钾肥为主的复合肥，促进幼苗生长健壮和横向生长。施肥选择在将要下雨的阴天，或者一天中气温较低的时段例如，早晨和傍晚。施肥后，及时浇水，防止烧苗现象发生。待草苗生长稳定后，根据生长需要施肥。生长后期的施肥，要遵循氮、磷、钾肥配合施用的原则。氮、磷、钾是植物需要量最大的三种营养元素，对植物的生长具有明显的促进作用，我们将这三种肥料按一定比例配合施用，更有利于发挥它们之间的相互促进作用，并使养分得以平衡供应。除草方面，除人工有意识地种植草外，侵入的其他植物统称为杂草。杂草与种植草争光、争水、争肥且争夺生长空间，严重影响种植草的正常生长发育。因此，必须及时防除杂草。为防止侵染性强的杂草引起整个坡面植被的退化，可以采用人工除草或化学药剂除草。在除草过程中，我们首先进行人工除草，将已长起来的杂草处理干净后，再用化学药剂喷药将还未长起的杂草草苗除去。

（2）边坡喷播

喷播的土壤除国外土壤外还有国内土壤。首先清除作业面杂物及松动岩块，对坡面转角处及坡顶的棱角进行修整，使之呈弧形，尽可能将作业面平整，以利于客土喷播施工，同时增加作业面绿化效果。保证施工前作业面的凹凸度平均为±10cm，最大不超过±15cm；对低洼处适当覆土夯实回填或以植生袋装土回填，以填至使反坡段消失为准，有条件的可以在作业面上每隔一定高度开一横向槽，从而增加作业面的粗糙度，使客土对作业面的附着力加大。另外，作业面排水系统的设置是否恰当、合理直接关系到作业面植被的生长环境，对于长、大边坡、坡顶、坡脚以及平台均需要设置排水沟。并根据作业面水流量的大小考虑是否设置坡面排水沟。采用高镀锌菱形铁丝网或高强塑料加强土工网，网孔规格为5cm×5cm。岩石处用风钻或电钻按1m×1m间距梅花形布置锚杆和锚钉。锚杆长90~100cm，锚钉长约15~40cm。挂网施工时采用自上而下放卷，相邻两卷铁丝网（土工网）分别用绑扎铁丝连接固定，两网交接处至少要求有10cm的重叠，锚钉每平方米不少于5只。网与作业面保持一定间隙，并均匀一致。较陡岩面处，可用草绳按一定间隔缠绕在网上，以增加附着力，使客土厚度得到保证。挂网可以使客土基质在岩石表面形成一个持久的整体板块。同时在客土喷播前浇水湿润坡面，将泥炭、腐殖土、草纤维、缓释营养肥料等混合材料经过专用机械的搅拌后喷播在铁丝网上，厚度为2~8cm。由于基质水分丧失会造成基质厚度不够，一般要求喷射厚度为设计厚度的125%。在喷薄过程中将种子与纤维、黏合剂、保水剂、缓释肥、微生物菌肥等经过喷播机搅拌混匀成喷播泥浆，在喷播机的作用下，均匀喷洒在工作作业面上，如图7-12所示。

图7-12　喷播现场照片
（图片来源：现场拍摄）

4）实验评估

该实验段场地距离沈阳市非常遥远，这影响了实验人员对实验地密切跟踪（每周至少2次的观测）。下面要谈论的服务区实验区虽然也非常遥远，但是至少有当地的工作人员可以按需定时传送图像资料，供科研团队跟踪评估。我们在2016年9月对坡地实验场地进行了统计。

由于实际工程操作中，该区段周围没有水源，高速公路后期养护力求简单易行，尽量节约人力和资源成本。因此，科研团队本着尊重场地客观条件的前提，在对完成撒播、喷播等操作之后一个月内，在没有明显降雨的前提下，每2天浇灌一次，其目的是保持地表湿润有利于种子发芽。随后，实验区段除了接受正常的自然降雨外，没有实施额外的人工浇灌。

（1）西南向朝阳的高坡面

整个场地非常陡峭（图7-10），几乎无法在上面行走。对场地的初步观察表明播种的幼苗发芽情况不尽理想，幼苗植株密度非常低。因此，科研团队决定对其中的有麻网撒播区进行出苗数据统计（见表7-4），因为这个实验组看起来幼苗的发芽情况相对较好。

在有麻网撒播区内统计的幼苗数量（2016年9月）　　　表7-4

拉丁名	中文名	坡上部	坡下部
Anthemis tinctoria	春黄菊		
Aster oblongifolius	长叶紫菀		
Bupthalmum salicifolium 'Alpengold'	牛眼菊		
Campanula carpatica	丛生风铃草		
Campanula glomerata	聚花风铃草		
Campanula persicifolia 'Takion'	风铃草'蓝色'		

续表

拉丁名	中文名	坡上部	坡下部
Campanula poscharskyana	垂吊风铃草		
Catananche caerulea	蓝箭菊		
Coreopsis drummondii	金鸡菊		
Coreopsis dwarf 'Early sunrise'	金鸡菊晨光'朝阳'		
Dianthus barbatus	美国石竹		1
Dianthus carthusianorum	石竹（粉色）		
Echinacea angustifolia	紫松果菊（侏儒）	1	
Erigeon speciosus (blue/pink)	美丽飞蓬		
Eryngium planum 'Blue Hobbit'	扁叶蓝刺芹'蓝精灵'		
Galium verum	蓬子草		
Hysoppus officnalis var *aristatus*	神香草		1
Leucanthemum 'Silver Princess'	滨菊'银公主'		
Linum perenne	蓝亚麻	2	8
Linum rubrum	红亚麻	3	6
Malva moschata	麝香锦葵	1	
Oenothera speciosa	美丽月见草		
Patrinia scabiosifolia	败酱		
Penstemon barbatus	红花钓钟柳	2	
Salvia nemorosa 'Blaukonigen'	林荫鼠尾草		
Scabiosa caucasicaa	轮峰菊		
Scutellaria baicalensis	黄芩	1	1
Sedum telephium 'Emperors Wave'	紫景天'帝王'		
Thymus vulgaris	百里香		

注：表格中没有数据的位置显示该植物在该区域没有植株成功建立。

因前期只有谢菲尔德大学科研团队的成员能够可靠识别幼苗，因此，在2016年晚春初夏这段时间现场管理人员很难对发芽情况进行统计。在缺少前期对比数据的情况下，我们无法判断2016年春季的发芽情况是否会更好。根据前期拍摄的照片分析，有个别幼苗在2016年春夏的表现较9月份更为茁壮，我们判断，部分品种在2016年春季可能实现了较高的发芽率。但是由于土壤水分胁迫（撒播、喷播一个月后场地只接受自然降雨，没有额外人工浇灌）和其他外界干扰因素（例如昆虫和啮齿类动物的取食），幼苗在2016年6月至9月期间逐步退化死亡。

从这项研究中，我们目前知道的是，观测到2016年9月，场地上的幼苗数量是很少的，在有麻网撒播区大多数物种没有被发现。总的来说，目前表现最好的品种是紫松果菊和亚麻属植物（多年生蓝亚麻，一、二年生红亚麻）。

这些幼苗植株个体很小，通常高度不超过5cm。亚麻种子因为特殊的结构，在吸水后种子表面变得黏稠，因此可以较好地吸收保存水分。配比中使用的这两个品种（来源于地中海干燥气候的物种）的特点，似乎提高了他们相对于其他物种的萌发率。松果菊是一种旱生、来自北美干旱草原的物种，其原生地气候环境与阜新段的场地环境非常相似，因此发芽定根表现也较其他物种理想些。

西南向朝阳的高坡面上的物种表现不佳的原因有很多，主要原因：

a. 由于极强厄尔尼诺现象导致的2016年不寻常的干燥的春季和夏季；

该实验段所在地位于内蒙古高原和东北辽河平原的中间过渡带，是辽宁省典型的夏季降水异常稀少的区域，过去60年的年平均降雨不足500mm。在降雨最少的年份，年降雨量甚至不足350mm。虽然在2016年5月初，7月下旬出现过两次当日强降雨，但总体而言，这个区域在2016年的春夏秋季节是干旱少雨的，该地区春夏秋季的降雨要远低于往年。在实验设计之初，理想的做法是本实验段会保证按需进行浇灌，所以我们设计的种子混合配比考虑了场地的可浇灌性。但因为场地客观条件的限制，周围没有水源，在春季降雨不足的前提下，有限的额外的人工浇灌并没有保证种子在春季萌发期正常大量发芽。所以，显然原设计的实验目标在2016年没有达到。

b. 斜坡的极端性质（太陡，坡度太大）

斜坡的陡度过大，意味着种子在撒播和喷播后，极易被冲刷到斜坡底部。即便有麻网覆盖，冲刷也会比较严重。2016年天气不稳定，阜新地域内出现过几次暴雨。倘若暴雨来临时，坡面上的幼苗还没有效定根，就极易被快速地冲刷到底部；或者是，播种介质被暴雨冲刷，种子和幼苗被滑落的土壤带走；又可能是麻网下的土壤被冲走，刚发出来的幼苗根茎和根系暴露在空气中，会在暴雨后再经暴晒而导致死亡。此外，事实上，斜坡是西南向朝阳的，在下午晚些时候会接受强阳光照射，这意味着夏天的死亡率很可能会非常高。种子进入岩石表面缝隙非常困难（定根周期往往较长），因此非常容易被冲刷或在萌发期缺水死亡。

c. 种子潜在的低质量问题

根据服务区的观测统计和沈阳建筑大学的组合观测记录，我们发现不少从国内种子公司购买的草花种子发芽率极低，种子质量没有保证。这很可能是种子的储存周期过长、储存不当等原因（种子在采摘后如果不进行合理储存，种子活力会急剧下降），抑或是购买的种子好差参半，按照设计配比计算购买的数量里面有很多是没有完全成熟，不具有发芽能力的种子。综合上述原因，至少有一部分购买的种子是无法达到满意的发芽率的，因此导致植物覆盖率过低现象的出现。在后续的实验中，科研团队会提前对所购买的种子进行评估测试，例如每个物种分三盆每盆100粒种子播种在营养钵中进行发芽率测试，测试结果可作为场地设计的调整依据。

（2）东北向背阳的低坡面

整个场地相对平缓很多。因为时间有限，科研团队决定对其中的有麻网喷播区和有麻网撒播区进行出苗数据统计（表7-5），同时将这两个实验组对照分析。

这个实验段坡度稍缓，而且底层土壤较西南向朝阳坡面更为疏松，这为植物的根系提供了更好的穿透性。并且，由于这个坡面是东北朝向的，下午不朝阳，这个地理条件使得坡面上的植物很少受下午的高温考验，幼苗在定根初期也不会经历极端干燥的土壤环境。经过统计，科研团队发现其相对西南向朝阳高坡面有更多的幼苗，但值得提的是，这个背阳低坡实验段每个对照组的播种面积只有$25m^2$，而上述向阳高坡实验段每个对照组的播种面积则有$280m^2$（面积约为背阳低坡的11倍）。如果要对比两个坡面的发芽率，应该将列表3中的数据乘以11后再做对比。例如，蓝亚麻在背阳低坡有麻网撒播实验段为24株幼苗，乘以11后为264株幼苗，然后与朝阳高坡面上的蓝亚麻10株来对比，可见差距是非常明显的。即便不考虑单位测试面积的差距，从表7-4和表7-5中也可以很明显看出，幼苗在背阳低坡实验段的建立情况（植株的种类和植株的数量）都较朝阳高坡面要好很多。幼苗的体量也通常较大些。这很清晰地显示出，土壤湿度是整个实验中的一个关键因素。低湿度含量限制了西南向朝阳高坡面上幼苗的出土率和存活率；相反，相对高湿度含量的土壤为东北向背阳低坡面上幼苗的有效定根和存活提供了一定的有利条件。

从列表7-5中同样可以对比有麻网喷播区块和有麻网撒播区块的情况。数据显示，喷播区并没有比撒播区的数量少，相反更多。在对高速公路护坡进行覆绿种植时，如果技术到位、有效控制成本，喷播可能会使种子分布更加均匀，尤其是坡度比较陡的区域。

在有麻网撒播区内统计的幼苗数量（2016年9月）　　表7-5

拉丁名	中文名	麻网喷播区块	麻网撒播区块
Anthemis tinctoria	春黄菊		
Aster oblongifolius	长叶紫菀	3	
Bupthalmum salicifolium 'Alpengold'	牛眼菊		
Campanula carpatica	丛生风铃草		1
Campanula glomerata	聚花风铃草		
Campanula persicifolia 'Takion'	风铃草'蓝色'		
Campanula poscharskyana	垂吊风铃草	1	
Catananche caerulea	蓝箭菊	6	2
Coreopsis drummondii	金鸡菊		
Coreopsis dwarf 'Early Sunrise'	金鸡菊晨光'朝阳'		
Dianthus barbatus	美国石竹		
Dianthus carthusianorum	石竹（粉色）		
Echinacea angustifolia	紫松果菊（侏儒）	36	17
Erigeron speciosus (blue/pink)	美丽飞蓬		
Eryngium planum 'Blue Hobbit'	扁叶蓝刺芹'蓝精灵'		
Galium verum	蓬子草		
Hysoppus officnalis var aristatus	神香草	5	5
Leucanthemum 'Silver Princess'	滨菊'银公主'		
Linum perenne	蓝亚麻	24	7
Linum rubrum	红亚麻	1	
Malva moschata	麝香锦葵	4	2
Oenothera speciosa	美丽月见草	3	
Patrinia scabiosifolia	败酱		
Penstemon barba tus	红花钓钟柳	1	1
Salvia nemorosa 'Blaukonigen'	林荫鼠尾草		

续表

拉丁名	中文名	麻网喷播区块	麻网撒播区块
Scabiosa caucasicaa	轮峰菊		
Scutellaria baicalensis	黄芩		1
Sedum telephium 'Emperors Wave'	紫景天'帝王'		
Thymus vulgaris	百里香		

注：表格中没有数据的位置显示该植物在该区域没有植株成功建立。

5）关于坡地实验的进一步调整方案

希契莫夫教授根据现场统计的数据，对现有配比进行调整，选择了以下几种植物进行进一步测试（表7-6）。这些植物理论上更能忍受极端环境，尤其是极其干旱的环境条件。这次撒播的种子大多可应用于屋顶绿化这样的极端恶劣环境，都是极为耐旱的品种（主要是景天属的草花植物）。但同时这些植物的种子都很小，在大雨天也极易被雨水冲刷到斜坡下部。因此，部分种子将在沈阳建筑大学实验基地进行育苗，然后在2017年春对场地进行移苗，观察植株的定根生长情况。

修改配比的物种名录及每平方米目标数量　　　　表7-6

拉丁名	中文名	目标幼苗数（m^2）
Festuca glauca	蓝羊茅	10
Penstemon barbatus	红花钓钟柳	5
Petalosporum purpureum		3
Sedum acre	苔景天	20
Sedum reflexum	反曲景天	10
Sedum selskianum 'Goldilocks'	毛景天'金色岁月'	20
Sedum spurium Coccineum	胭脂红景天	20

6）关于高速公路两侧绿化未来研究的建议

这些坡地实验区的现有数据表明，在没有额外人工灌溉的前提下，植物幼苗在辽宁西部干旱地区的发芽率和存活率可能非常低。因此，在这样的极端恶劣条件下采用喷播或撒播技术建立一个茂密的高覆盖的野花草甸状植被是很困难的。在较湿润的气候环境下，较缓的斜坡上，非岩质较疏松的土壤上，这项技术的成功率会高很多。

应对这类极端恶劣条件下的工程项目，一个比较现实的操作方案是先用撒播、喷播或移苗技术在坡面上成功建立少量本地草花物种。这些本地物种较为适合当地环境条件，能够在该条件下逐步实现自播繁衍。这在本质上实际是一个长期的自然保护战略，是真正利用道路作为我们前面提及的生态走廊。倘若能选用和成功建立那些由于农耕地扩展而逐步消亡的本土草花物种，那将会是一项很有意义的工程。在欧洲很多国家，高速公路绿化就是采用了这种生态保护和生态廊道营建的景观策略。

根据国外的实践经验，我们科研团队认为在辽宁省省内高速公路边坡上以撒播或喷播形式建立生态草本植物群落是可行的。如果要进一步实验其可行性，科研团队认为应该尽量选择坡地土壤条件不那么极端的实验区（例如坡度小于30°，较为疏松以便幼苗的根系更易穿透土壤，即不只是风化岩体），并且在种子萌芽期的前6周，进行适量人工灌溉，保持土壤湿润。未来的实验基地应该选择一些小尺度的坡地进行，距离沈阳不要太远，或是在沈阳建筑大学校内实验基地进行。如果在没有任何科研数据支撑的前提下，选择一块大面积且距离沈阳很远的实验基地，同时初期的浇灌不能得到有效保证，可利用资源过少（时间成本太高，数据图像采集不便，且能够辨识幼苗不同生长周期形状表现的技术不足），将产生无法有效监测场地的客观困难。实验结论也会误导技术应用的可行性。

为此我们建议下一阶段所开展的工作主要应从干燥的生境引种辽宁省的乡土草花物种，再结合运用一些类乡土草花物种，以适应场地的特殊气候条件。该工作将在沈阳建筑大学研究基地开展，播种面积在$2 \sim 4m^2$之间。科研团队将对简单组合进行定期监测。例如，每个月进行一次幼苗发芽率和死亡率的统计。

如果新的实验段是一个实际的道路边坡，建议场地选择尽可能的接近沈阳，以方便研究团队更好地进行观察统计。同时，这些实验区的规模应该相对较小些，以便更好地了解寻找实验成功和失败的因素。

优先通过规模较小的实验点寻找到在辽宁省不同气候条件下可以良好生长的物种，再确定工程操作方案及科学配比在较大规模的"实验区"展示，随后再进入推广应用。

5. 高速公路服务区实验区——以复州河服务区为例

这个实验的场地是由辽宁省交通厅和沈阳建筑大学商议决定。在2015年夏季，整个场地喷洒草甘膦除草剂，之后在场地上铺设沙层。用于测试的植物名录详见列表7-7。

复州河服务区测试品种名录　　　　表7-7

中文名	拉丁名
须芒草	Andropogon yunnanensis
马利筋	Ascclepias tuberosa
长叶紫菀	Aster oblongifolius
射干	Belamcanda chinensis
牛眼菊	Bupthalmum salicifolium
聚花风铃草	Campanula glomerata
除虫菊	Chrysanthemum coccineum
金鸡菊	Coreopsis drummondii
大花金鸡菊—高杆	Coreopsis grandiflora
翠雀	Delphinium grandiflorum
石竹（粉色）	Dianthus carthusianorum
紫松果菊'侏儒'	Echinacea angustifolia
苍白松果菊	Echinacea pallida
硬叶蓝刺头	Echinops ritro
美丽飞蓬	Erigeon speciosus（blue/pink）
金黄大戟	Euphorbia polychroma
蓬子菜	Galium verum
水杨梅	Geum chiloensis
八宝景天	Sedum spectabilis
神香草	Hysoppus officnalis
滨菊'银公主'	Leucanthemum 'Silver Princess'
宽叶补血草	Limonium latifolium
柳穿鱼	Linaria vulgaris
剪秋萝	Lychnis fulgens
锦葵	Malva moschata

续表

中文名	拉丁名
荆芥'蓝月亮'	*Nepeta nervosa* 'Blue Moon'
荆芥'粉猫'	*Nepeta nervosa* 'Pink Cat'
美丽月见草	*Oenothera speciosa*
败酱	*Patrinia scabiosifolia*
钓钟柳—高杆	*Penstemon campanulatus*
桔梗	*Platycodon grandiflorus*
花荵	*Polemonium coeruleum*
欧白头翁	*Pulsatilla vulgaris*
高地黄	*Rehmannia elata*
宿根金光菊金色风暴	*Rudbeckia fulgida* Goldsturm
黑心菊'果酱'	*Rudbeckia hirta* 'Marmalade'
蔓性芦莉	*Ruellia humilis*
林荫鼠尾草	*Salvia nemorosa* 'Blaukonigen'
黄芩	*Scutellaria baicalensis*
三七景天	*Sedum aizoon*
景天'帝王'	*Sedum* 'Emperor's Waves'
绵毛水苏	*Stachys byzantina*
穗花婆婆纳	*Veronica spicata*

沈阳建筑大学和谢菲尔德大学的研究团队在2015年8月评估了该场地幼苗的生长状况。一些不需要经过低温处理就可以发芽的物种出苗明显，但是照片记录显示场地之前被禾本科杂草和莎草大量覆盖（图7-13、图7-14）。由于播种在2015夏天完成，很可能是因为时间仓促，在播种之前的除草剂喷洒工作未到位，对杂草的抑制作用并没有特别有效。这类杂草是地下根茎横向生长，当它们在沙层中定根后，会快速向四周生长、定根。因此，杂草在沙层上迅速蔓延，抑制了部分草花品种的发芽和幼苗的生长。

或者，场地上铺设的沙层可能在铺设前已经被禾本科杂草和莎草或根状茎和种子严重污染了，即沙里自带很多杂草种子。根据希契莫夫教授多年的科研

图7-13 杂草入侵情况现场照片2015年8月　　图7-14 杂草近景拍摄现场照片2015年8月

与实践经验，倘若在播种前，场地清理使用含草甘膦的除草剂有效地杀死现状杂草，同时运入场地的沙子使用不含杂草种子的河沙，那么在撒播后第一年内杂草出现的概率是非常低的。科研团队2015年8月到现场之前，该场地刚刚经历了人工清除杂草的过程。但由于当地的杂草清理工人没有相关的专业知识和实践经验，无法准确识别出哪些是杂草，哪些是撒播的品种（因为很多品种在幼苗期，看起来和杂草的幼苗极其相似）。根据现场的状况，科研团队判断，很多撒播的品种被当作杂草清除。因为有些品种在场地的某个角落大量存在，而在其他更适宜它生长的区域却完全看不到踪影。有些品种在沈阳建筑大学实验基地里测试，发芽率高且表现形状良好；但在复州河服务区场地里却几乎没有看到植株（同一批种子，且气候环境也适宜该物种生长）。

2016年场地评估

当我们在2016年9月对场地评估时，整个播种区域呈现出几个密度斑块，各斑块的密度差异很大。约近25%的播种植被是非常成功的，几乎覆盖了整个场地，约15%的播种区域表现很差，只达到了5%的地面覆盖率，而60%的播种区域表现处于两者之间，有40%～70%的地面覆盖率。覆盖率最低的区域主要分布在整个播种区域的中部。根据对土壤的观察，似乎植株的覆盖率与场地整理之间有着密切的关系。场地中间区域似乎在整理时被压实或受到类似的因素影响，这样的土壤环境对植株的建立、生长和生存有着很不利的负面影响。

最初，我们在整个场地里走动观察，对所有播种的物种作出初步评估。这个评估是一个相当粗略的评估，大致确定哪些物种是数量丰富的，哪些物种是存在一定数量的，哪些物种是数量极其稀少的，甚至没有的，详见表7-8。其中，数量丰富的物种约占25.6%（编号1），存在一定数量的物种约占34.8%（编号2），数量极其稀少，甚至没有的物种约占39.5%（编号3）。

相对粗略的植株丰富度评估（2016年9月） 表7-8

中文名	拉丁名	编号
须芒草'草原蓝调'	*Andropogon scoparius* 'Prairie Blue'	1
射干	*Belamcanda chinensis*	1
大花金鸡菊	*Coreopsis grandiflora*	1
苍白松果菊	*Echinacea pallida*	1
神香草	*Hysoppus officnalis* var *aristatus*	1
败酱	*Patrinia scabiosifolia*	1
桔梗	*Platycodon grandiflorus*	1
欧白头翁	*Pulsatilla vulgaris*	1
黑心菊'果酱'	*Rudbeckia hirta* 'Marmalade'	1
林荫鼠尾草	*Salvia nemorosa* 'Blaukonigen'	1
黄芩	*Scutellaria baicalensis*	1
马利筋	*Ascclepias tuberosa*	2
长叶紫菀	*Aster oblongifolius*	2
翠雀	*Delphinium grandiflorum*	2
石竹（粉色）	*Dianthus carthusianorum*	2
紫松果菊'侏儒'	*Echinacea angustifolia*	2
蓬子菜	*Galium verum*	2
滨菊'银公主'	*Leucanthemum* 'Silver Princess'	2
宽叶补血草	*Limonium latifolium*	2
剪秋萝	*Lychnis fulgens*	2
锦葵	*Malva moschata*	2
荆芥'蓝月亮'	*Nepeta nervosa* 'Blue Moon'	2
荆芥'粉猫'	*Nepeta nervosa* 'Pink Cat'	2
钓钟柳—高杆	*Penstemon campanulatus*	2
宿根金光菊金色风暴	*Rudbeckia fulgida Goldsturm*	2
蔓性芦莉	*Ruellia humilis*	2
牛眼菊	*Bupthalmum salicifolium*	3
聚花风铃草	*Campanula glomerata*	3
除虫菊	*Chrysanthemum coccineum*	3

续表

中文名	拉丁名	编号
金鸡菊	*Coreopsis drummondii*	3
硬叶蓝刺头	*Echinops ritro*	3
美丽飞蓬	*Erigeon speciosus (blue/pink)*	3
金黄大戟	*Euphorbia polychroma*	3
水杨梅	*Geum chiloensis*	3
八宝景天	*Sedum spectabilis*	3
柳穿鱼	*Linaria vulgaris*	3
美丽月见草	*Oenothera speciosa*	3
花荵	*Polemonium coeruleum*	3
高地黄	*Rehmannia elata*	3
三七景天	*Sedum aizoon*	3
景天'帝王'	*Sedum* 'Emperor's Waves'	3
绵毛水苏	*Stachys byzantina*	3

注：编号1表示数量丰富的物种，编号2表示存在一定数量的物种，编号3表示数量极其稀少，甚至没有的物种。

针对实验区的情况，我们把现状场地中植被的表现分为四类，①全阳环境表现"最好"的群落样方（表7-9），②全阳环境表现"最差"的群落样方（表7-10），③树荫环境下表现"最好"的群落样方（表7-11），④树荫环境下表现"最差"的群落样方（表7-12）。我们统计了场地上随机放置的1m²样方中草花植株的数量。四类每种四个样方，以及另外1个场地边缘与铺装对接处的样方（表7-12）。数据如下：

全阳环境表现"最好"的群落样方　　　　表7-9

中文名	拉丁名	目标数量/m²	A1 55%	A2 80%	A3 90%	A4 40%
须芒草'草原蓝调'	*Andropogon scoparius* 'Prairie Blue'	5	3	6	3	6
马利筋	*Asclepias tuberosa*	3			1	
长叶紫菀	*Aster oblongifolius*	3				
射干	*Belamcanda chinensis*	3	2	2	3	2
牛眼菊	*Bupthalmum salicifolium*	3				

续表

中文名	拉丁名	目标数量/m²	A1 55%	A2 80%	A3 90%	A4 40%
聚花风铃草	Campanula glomerata	3				
除虫菊	Chrysanthemum coccineum	3				
金鸡菊	Coreopsis drummondii	5				
大花金鸡菊	Coreopsis grandiflora	3	2	2	1	
翠雀	Delphinium grandiflorum	3			1	
石竹（粉色）	Dianthus carthusianorum	5	1	2		
紫松果菊'侏儒'	Echinacea angustifolia	3				
苍白松果菊	Echinacea pallida	3	3	3	5	3
硬叶蓝刺头	Echinops ritro	3				
美丽飞蓬	Erigeon speciosus	5				
金黄大戟	Euphorbia polychroma	2				
蓬子菜	Galium verum	5				
水杨梅	Geum chiloensis	3				
八宝景天	Sedum spectabilis	5				
神香草	Hysoppus officnalis	3	3	4		
滨菊'银公主'	Leucanthemum 'Silver Princess'	3				
宽叶补血草	Limonium latifolium	2				
柳穿鱼	Linaria vulgaris	3				
剪秋萝	Lychnis fulgens	5				
锦葵	Malva moschata	2	1	3	2	2
荆芥'蓝月亮'	Nepeta nervosa 'Blue Moon'	2				
荆芥'粉猫'	Nepeta nervosa 'Pink Cat'	3	1	1	1	
美丽月见草	Oenothera speciosa	5				
败酱	Patrinia scabiosifolia	2	1			
钓钟柳—高杆	Penstemon campanulatus	5				
桔梗	Platycodon grandiflorus	5		1	1	
花荵	Polemonium coeruleum	3				
欧白头翁	Pulsatilla vulgaris	3	2	3	5	1

续表

中文名	拉丁名	目标数量/m²	A1 55%	A2 80%	A3 90%	A4 40%
高地黄	*Rehmannia elata*	7				
宿根金光菊'金色风暴'	*Rudbeckia fulgida* 'Goldsturm'	5				
黑心菊'果酱'	*Rudbeckia hirta* 'Marmalade'	3		2	1	
蔓性芦莉	*Ruellia humilis*	3				
林荫鼠尾草	*Salvia nemorosa* 'Blaukonigen'	3	2			3
黄芩	*Scutellaria baicalensis*	3	4	1	4	2
三七景天	*Sedum aizoon*	5				
景天'帝王'	*Sedum* 'Emperor's Waves'	5				
绵毛水苏	*Stachys byzantina*	3				
穗花婆婆纳	*Veronica spicata*	5				
本地植物非设计物种	*Viola XX*	0		6		

注：四个样方A1、A2、A3、A4的覆盖率分别为：55%、80%、90%和40%。

全阳环境表现"最差"的群落样方　　　　表7-10

中文名	拉丁名	目标数量/m²	A9 10%	A10 5%	A11 5%	A12 10%
须芒草'草原蓝调'	*Andropogon scoparius* 'Prairie Blue'	5	8	2	6	
马利筋	*Asclepias tuberosa*	3				
长叶紫菀	*Aster oblongifolius*	3				
射干	*Belamcanda chinensis*	3	2		4	
牛眼菊	*Bupthalmum salicifolium*	3				
聚花风铃草	*Campanula glomerata*	3				
除虫菊	*Chrysanthemum coccineum*	3	1	1		
金鸡菊	*Coreopsis drummondii*	5				
大花金鸡菊	*Coreopsis grandiflora*	3	1		8	1
翠雀	*Delphinium grandiflorum*	3				
石竹（粉色）	*Dianthus carthusianorum*	5				
紫松果菊'侏儒'	*Echinacea angustifolia*	3				

续表

中文名	拉丁名	目标数量/m²	A9 10%	A10 5%	A11 5%	A12 10%
苍白松果菊	*Echinacea pallida*	3	3	5	4	5
硬叶蓝刺头	*Echinops ritro*	3				
美丽飞蓬	*Erigeron speciosus* (blue/pink)	5				
金黄大戟	*Euphorbia polychroma*	2				
蓬子菜	*Galium verum*	5				
水杨梅	*Geum chiloensis*	3				
八宝景天	*Sedum spectabilis*	5				
神香草	*Hysoppus officnalis*	3				1
滨菊'银公主'	*Leucanthemum* 'Silver Princess'	3				
宽叶补血草	*Limonium latifolium*	2	2			
柳穿鱼	*Linaria vulgaris*	3				
剪秋萝	*Lychnis fulgens*	5				
锦葵	*Malva moschata*	2	1			
荆芥'蓝月亮'	*Nepeta nervosa* 'Blue Moon'	2			1	
荆芥'粉猫'	*Nepeta nervosa* 'Pink Cat'	3				
美丽月见草	*Oenothera speciosa*	5				
败酱	*Patrinia scabiosifolia*	2	1	1		2
钓钟柳-高杆	*Penstemon campanulatus*	5				
桔梗	*Platycodon grandiflorus*	5	2		4	2
花荵	*Polemonium coeruleum*	3				
欧白头翁	*Pulsatilla vulgaris*	3				2
高地黄	*Rehmannia elata*	7				
宿根金光菊'金色风暴'	*Rudbeckia fulgida* 'Goldsturm'	5				
黑心菊'果酱'	*Rudbeckia hirta* 'Marmalade'	3				
蔓性芦莉	*Ruellia humilis*	3				
林荫鼠尾草	*Salvia nemorosa*	3	2		3	
黄芩	*Scutellaria baicalensis*	3		2	6	6
三七景天	*Sedum aizoon*	5				

续表

中文名	拉丁名	目标数量/m²	A9 10%	A10 5%	A11 5%	A12 10%
景天'帝王'	*Sedum* 'Emperor's Waves'	5				
绵毛水苏	*Stachys byzantina*	3				
穗花婆婆纳	*Veronica spicata*	5				
本地植物非设计物种	*Viola XX*	0				

树荫环境下表现"最好"的群落样方　　表7-11

中文名	拉丁名	目标数量/m²	A5 40%	A6 40%	A7 95%	A8 75%
须芒草'草原蓝调'	*Andropogon scoparius* 'Prairie Blue'	5	6			
马利筋	*Ascclepias tuberosa*	3				
长叶紫苑	*Aster oblongifolius*	3				
射干	*Belamcanda chinensis*	3	3	6	5	7
牛眼菊	*Bupthalmum salicifolium*	3				
聚花风铃草	*Campanula glomerata*	3				
除虫菊	*Chrysanthemum coccineum*	3		1		
金鸡菊	*Coreopsis drummondii*	5				
大花金鸡菊	*Coreopsis grandiflora*	3	4		3	3
翠雀	*Delphinium grandiflorum*	3		2		1
石竹（粉色）	*Dianthus carthusianorum*	5				2
紫松果菊'侏儒'	*Echinacea angustifolia*	3				
苍白松果菊	*Echinacea pallida*	3	3			1
硬叶蓝刺头	*Echinops ritro*	3				
美丽飞蓬	*Erigeon speciosus* (blue/pink)	5				
金黄大戟	*Euphorbia polychroma*	2				
蓬子菜	*Galium verum*	5			3	
水杨梅	*Geum chiloensis*	3				
八宝景天	*Sedum spectabilis*	5				

续表

中文名	拉丁名	目标数量/m²	A5 40%	A6 40%	A7 95%	A8 75%
神香草	*Hysoppus officnalis*	3				1
滨菊'银公主'	*Leucanthemum* 'Silver Princess'	3				
宽叶补血草	*Limonium latifolium*	2				1
柳穿鱼	*Linaria vulgaris*	3				
剪秋萝	*Lychnis fulgens*	5				
锦葵	*Malva moschata*	2	1			4
荆芥'蓝月亮'	*Nepeta nervosa* 'Blue Moon'	2				
荆芥'粉猫'	*Nepeta nervosa* 'Pink Cat'	3				1
美丽月见草	*Oenothera speciosa*	5				
败酱	*Patrinia scabiosifolia*	2	2	5	3	
钓钟柳—高杆	*Penstemon campanulatus*	5				
桔梗	*Platycodon grandiflorus*	5	2		1	1
花荵	*Polemonium coeruleum*	3				
欧白头翁	*Pulsatilla vulgaris*	3		1		
高地黄	*Rehmannia elata*	7				
宿根金光菊金色风暴	*Rudbeckia fulgida* 'Goldsturm'	5				
黑心菊'果酱'	*Rudbeckia hirta* 'Marmalade'	3				
蔓性芦莉	*Ruellia humilis*	3				
林荫鼠尾草	*Salvia nemorosa* 'Blaukonigen'	3				
黄芩	*Scutellaria baicalensis*	3				
三七景天	*Sedum aizoon*	5				
景天'帝王'	*Sedum* 'Emperor's Waves'	5				
绵毛水苏	*Stachys byzantina*	3				
穗花婆婆纳	*Veronica spicata*	5				
本地植物非设计物种	*Viola XX*	0				

注：四个样方A5、A6、A7、A8的覆盖率分别为：40%、40%、95%和75%。

树荫环境下表现"最差"的群落样方   表7-12

中文名	拉丁名	目标数量/m²	A13 5%	A14 5%	A15 5%	A16 5%	A17 85%
须芒草'草原蓝调'	Andropogon scoparius 'Prairie Blue'	5	1	2			
马利筋	Ascclepias tuberosa	3					
长叶紫菀	Aster oblongifolius	3					
射干	Belamcanda chinensis	3	1	2	4		
牛眼菊	Bupthalmum salicifolium	3					
聚花风铃草	Campanula glomerata	3					
除虫菊	Chrysanthemum coccineum	3					
金鸡菊	Coreopsis drummondii	5					
大花金鸡菊	Coreopsis grandiflora	3					
翠雀	Delphinium grandiflorum	3					10
石竹(粉色)	Dianthus carthusianorum	5			1	1	5
紫松果菊'侏儒'	Echinacea angustifolia	3					
苍白松果菊	Echinacea pallida	3	1	5	1	2	
硬叶蓝刺头	Echinops ritro	3					
美丽飞蓬	Erigeon speciosus (blue/pink)	5					
金黄大戟	Euphorbia polychroma	2					
蓬子菜	Galium verum	5		1			
水杨梅	Geum chiloensis	3					3
八宝景天	Sedum spectabilis	5					
神香草	Hysoppus officnalis	3					
滨菊'银公主'	Leucanthemum 'Silver Princess'	3					
宽叶补血草	Limonium latifolium	2					3
柳穿鱼	Linaria vulgaris	3					
剪秋萝	Lychnis fulgens	5					
锦葵	Malva moschata	2					5
荆芥'蓝月亮'	Nepeta nervosa 'Blue Moon'	2					
荆芥'粉猫'	Nepeta nervosa 'Pink Cat'	3					

续表

中文名	拉丁名	目标数量/m²	A13 5%	A14 5%	A15 5%	A16 5%	A17 85%
美丽月见草	*Oenothera speciosa*	5					
败酱	*Patrinia scabiosifolia*	2		2	1	2	4
钓钟柳-高杆	*Penstemon campanulatus*	5	1				
桔梗	*Platycodon grandiflorus*	5					
花荵	*Polemonium coeruleum*	3					1
欧白头翁	*Pulsatilla vulgaris*	3			2		2
高地黄	*Rehmannia elata*	7					1
金光菊金色风暴	*Rudbeckia fulgida* 'Goldsturm'	5					
黑心菊'果酱'	*Rudbeckia hirta* 'Marmalade'	3					
蔓性芦莉	*Ruellia humilis*	3					
林荫鼠尾草	*Salvia nemorosa*	3				1	2
黄芩	*Scutellaria baicalensis*	3					
三七景天	*Sedum aizoon*	5	2	2	1	2	
景天'帝王'	*Sedum* 'Emperor's Waves'	5					
绵毛水苏	*Stachys byzantina*	3					
穗花婆婆纳	*Veronica spicata*	5					
本地植物非设计物种	*Viola XX*	0	Lot				

注：四个样方A13、A14、A15、A16的覆盖率分别为：40%、40%、95%和75%。场地边缘与铺装对接处的样方A17的覆盖率为：85%。

不是所有的物种都有相同的表现，有些表现好而有些表现差，各物种的表现呈梯度分布。在全阳环境和树荫下表现同样出色的有苍白紫松果菊和黄芩，这两个品种单位面积里的植株数量也相对较多（表7-9、表7-12）。整个场地中最为丰富的是大花金鸡菊，它在2016年就大量盛开，并产生了大量的有效种子，广泛撒播在整个场地上。但在设计之初，希契莫夫教授预计能表现出色的部分物种在场地上并没有大量发现。比如粉花石竹（*Dianthus Carthusianorum*），现场有足够的证据表明，它是被除杂草的工人反复拔除，因为这个石竹在幼苗的时候，看起来很像杂草。在我们2016年9月到现场收集数据之前，场地刚刚经过一轮除杂草的工作。在场地周边的路边上，科研团队看到很多被误拔下来的石竹幼苗。全缘叶金色风暴金光菊也比预计的稀疏。因为金色风暴金光菊的种子是从中国种子公司购买的，这些种子的质量普遍较差（因为该品种不是被市场广泛使用的品种，可能库存很久致使种子失去活性），从而导致了极低的出苗率。

图7-15　至2016年9月现场已观测到的草花品种在开花时的照片
（图片来源：现场拍摄）

图7-15 至2016年9月现场已观测到的草花品种在开花时的照片（续）

（图片来源：现场拍摄）

图7-16 不同植株密度、不同位置的样方现场照片2016年9月

在植株覆盖率高的区块，实现了一个很好的播种密度，这些区块看起来非常成功，在2017年会有不错的效果。而其他植株密度不尽理想的区块，我们需要尝试增加植株的数量，提高密度并加大现有植株的生长速率。

(1) 场地中不同程度的植株覆盖水平

由于地理位置和时间的关系,希契莫夫教授无法定时高频率地到现场观测分析,因此很难理解整个场地覆盖率的极大差异性。为了能够更充分地解决正在发生的事情,有必要在更为固定的时间间隔进行访问。根据经验,科研团队分析在某些区块植株密度低和植物体量小的原因有以下几种可能:

①该场地一直受到茂密的杂草入侵,使得我们的植株和杂草间一直存在激烈的竞争关系,但由于场地除草工作都在我们调查场地的间隙完成,等我们到现场前杂草已经被拔除;

②在人工除杂草的过程中,所设计的幼苗被错误地清除了;

③有些区域的沙子下面的土地非常致密,下雨后雨水渗透不下去,导致了内涝,该区域长时间积水不利于幼苗生长存活。

(2) 改善场地上表现不佳区块的途径

目标1:增加植株密度

在表现不佳的区块,选区在该气候环境下表现良好的物种,混合一个新的简单组合,再次播种。关键物种包括:石竹(*Dianthus Carthusianorum*)全缘叶金色风暴金光菊(*Rudbeckia Fulgida* 'Goldsturm')林荫鼠尾草(*Salvia Nemorosa*)黄芩(*Scutellaria Baicalensis*)。为当地完成除杂草工作的人做一些基本的训练,教其辨别杂草和幼苗,防止误除有用的幼苗。这将包括提供关键物种的照片(A4大小的压膜照片),告知他们很多设计中的幼苗在初始阶段外形也常常类似于杂草。增加一些额外的种植来增加提高密度同时丰富种类、均衡设计。

目标2:增加植被覆盖率

上述提及的措施,在增加植株密度的同时也可以有效增加植被覆盖率,但除了这些途径外,还可以考虑在2017年春天对表现不佳,植株体量较小的区块施用高氮肥料(33:0:0或20:5:5的比例)来加速幼苗生长。建议操作方法为在场地中选择3m×3m表现不佳的区块,按上述比例施用高氮肥料,观察植株表现,确定行之有效后再扩大施用面积。值得强调的是,在施用高氮肥料之前,一定要确保杂草得到有效控制。否则,一经施肥,杂草就迅速生长,增加杂草覆盖率,同时对设计的幼苗产生抑制作用。对目前已经表现很好的区域,一定不能施用高氮肥料,否则这些区域会滋生杂草,同时这些设计植株也会因为肥料太多而产生倒伏现象。

两个实验区的植株表现都很好,说明种子发芽期适当的人工浇灌结合自然降雨来满足发芽的土壤湿度是非常重要的。这影响到种子的出苗率和幼苗在萌发周期间有效的数量，以及幼苗在相对疏松且有利于根穿透的土壤介质中会长得更大更快更好。这些因素都导致了组合中各物种间非常大的差异性。在复州河服务区的部分区块，设计的生态草本植物群落建立良好，之后这些区块的花期展示也将会非常好。所以未来的挑战是要试图分析掌握部分植物生长欠佳的原因。导致表现不良的主要因素最有可能是在场地施工前无效的杂草控制。倘若在铺设沙层前没有彻底清除杂草，那在草本植物群落第一个和第二个生长季节就会产生大量杂草与设计物种间的竞争。相当多的物种在2016年夏季已经开花，科研团队预计在2017夏天将会有更多的物种开花。从管理维护上看，整个场地需要在2017年的春天进行修剪，修剪后移除修剪物。随后，在2017年春末，即在主要开花季节来临前进行一次除草工作。

7.2.2 适合辽宁省栽培运用的多年生草本花卉名录

随着多年生草本植物的应用范围越来越广，种类多种多样，各大城市利用多年生草本植物构建植物景观已成为一种趋势，由于每种草花包括形态特征、生长发育节律变化、季相色彩（叶、花、果等）、空间尺度规格、生态习性、设计施工和养护技术要点等多个属性特征缺少一定的经验交流，极大地限制多年生草本植物景观的构建。因此，建立适合辽宁省栽培运用的多年生草本花卉名录是很有必要的，这便于园林工作者主要针对观赏性状动态变化以及生态习性等属性特征的了解，对营造最优景观所需的植物进行选择。

在过去的一年半时间里，科研团队对本溪、丹东、铁岭等地进行调研，对野外多年生草本植物的习性与生长状况进行深入分析，这对于制作该名录来说有很大的推动性作用。由于园林植物生长受环境气候变化（气温、降雨量、光照等）的影响，分布范围受到限制，趋势也不尽相同。园林植物与气候之间的相互作用表现在植物对气候要素的适应性与植物对气候的反馈作用。环境气候是影响园林植物分布的主导因素。气候变化对植物生长发育、地理分布、多样性和丰富度都将产生极大的影响。因此，准确分析气候对园林植物的影响，具有十分重要的理论和现实意义。所以在实验基础上我们还对辽宁省的地理区位、地形地貌、土壤条件、气候条件、水文条件进行了深入研究，结合多年生草本植物的自身特性进行分析与总结。其次通过校内与高速公路沿线的实验区历时一年半的实验时间，我们初步对所运用的多年生草本植物的生长状况进行分析、归纳、总结，制定辽宁省栽培运用的多年生草本花卉名录。该名录的内容包括品种的中文名、所属科属、拉丁名、花期、株高、适合生长地区与自身习性。其中包括菊科21种、百合科10种、唇形科9种、鸢尾科8种、桔梗科5种、锦葵科3种、景天科3种、石竹科3种、亚麻科2种、禾本科2种、马鞭草科2种、蔷薇科2种、败酱科2种、豆科2种、柳叶菜科1种、伞形科1种、川续断科1种、茜草科1种、风信子科1种、兰科1种、美人蕉科1种、虎耳草科1种、白花丹科1种、秋海棠科1种、花荵科1种、罂粟科1种、芍药科1种、鸭跖草科1种、千屈菜科1种、玄参科1种。具体品种见名录《适合辽宁省栽培运用的多年生草本花卉名录与景观效果较好有实验价值的种子名录》，该名录可以为辽宁省多年生草本植物设计、施工和养护的基础，同时对多年生草本植物的选择提供切实的理论依据。除以上名录外，我团队对该名录所包含的多年生草本植物名录花期进行整理与归纳，目的是为多年生草本植物的设计达到三季有花、四季有景的景观效果。对草本植物花期的归纳与整理也是为我们目前对于多年生草本植物花卉研究的一个反思，目的在于促使我们探索现在还没有研究到的花期更长、1～2月开花的多年生草本植物花卉品种。

本次对于辽宁省栽培运用的多年生草本花卉名录的编写主要目的是掌握可在辽宁地区运用的多年生草本植物的种类、数量及分布，为辽宁省多年生草本植物培育与景观的营造提供有关植物学、生态学等方面的教学、科研及对外交流提供参考，也为今后建立实验基地的实验提供理论依据。

但草本植物目录的整流需要相当深厚的花卉学基础，而且调查需要一个长期而系统的过程，本研究尚存在以下方面的不足：

（1）由于多年生草本花卉的季节性较强、调查经费和地域范围广等因素所限，科研团队仅对沈阳地区、本溪地区、丹东地区、铁岭地区进行选择性的调研，调查点和调查时段的涵盖范围还不够广泛。

（2）由于专业知识有限，对于调查中遇到的各种草本花卉不能做到完全概括，可能会影响最后的调查数据的精确性与权威性。

（3）因多年生草本花卉生命周期长，且大多数都以第二年观赏效果较好，但是由于实验基地实验周期仅为一年半，对于土壤介质的选用、植株形态、习性的监测方法还不完善，导致某些草花品种不能生长或未达到良好的观赏效果。现列出26种观赏性高，但有待进一步实验与观测的草花品种名录，在今后的实验中将着重研究，具体品种见名录《适合辽宁省栽培运用的多年生草本花卉名录与景观效果较好有实验价值的种子名录》。

附件 适合辽宁省栽培运用的多年生草本花卉名录与景观效果较好有实验价值的种子名录
Suitable for the cultivation and utilization of perennial herbs in LiaoNing province and the excellent landscape effect list of experimental value of the seed list

名录一：

适合辽宁省栽培运用的多年生草本花卉名录

编号	中文学名	拉丁学名	所属科属	株高（cm）	开花时间	开花颜色	土壤	习性	样式
1	德国鸢尾	Iris germanica L.	鸢尾科鸢尾属	60～100	4～5月	纯白、姜黄、桃红、淡紫、深紫	土质疏松，以沙壤土或轻壤土最好；中性至微碱性土壤（pH7.0～7.2范围）	阳性、耐寒、喜湿润而排水好	
2	黄褐鸢尾		鸢尾科鸢尾属	75～120	6～7月	黄色	喜排水良好之高爽中性砂质土壤		

续表

适合辽宁省栽培运用的多年生草本花卉名录

编号	中文学名	拉丁学名	所属科属	株高（cm）	开花时间	开花颜色	土壤	习性	样式
3	溪荪鸢尾	Iris sanguinea	鸢尾科 赤鸢尾	50~100	5月	紫色	可自然生长于向阳坡地	耐旱、耐湿，喜光耐半阴	
4	紫鸢尾		鸢尾科 鸢尾属	30~50	4~6月	紫色	适度湿润，排水良好，富含腐殖质，略带碱性的黏性土壤	喜阳光充足，气候凉爽，耐寒力强，亦耐半阴环境	
5	蓝蝴蝶鸢尾	Iris tectorum	鸢尾科 鸢尾属	30~60	4~5月	花蝶形，蓝紫色	阳光充足、排水良好的沙质壤土	喜湿润肥沃的地方	
6	马蔺	Iridaceae	鸢尾科 鸢尾属	100以上	5~6月	紫色	喜阳光、稍耐阴	耐盐碱、耐践踏，根系发达，可用于水土保持和改良盐碱土	

续表

适合辽宁省栽培适用的多年生草本花卉名录

编号	中文学名	拉丁学名	所属科属	株高(cm)	开花时间	开花颜色	土壤	习性	样式
7	射干	*Belamcanda chinensis* (L.) Redouté	鸢尾科 射干属	100~150	6~8月	橙红色	肥沃疏松,地势较高,排水良好的沙质壤土为好	喜温暖和阳光,耐干旱和寒冷	
8	唐菖蒲	*Gladiolus gandavensis* Vaniot Houtt	鸢尾科 唐菖蒲属	50~80	7~9月	红、黄、紫、白、蓝、复色等	以肥沃的砂质壤土为宜,pH值不超过7	喜阴湿,稍耐寒,性强健	
9	花叶玉簪	*Hosta undulata*	百合科 玉簪属	20~40	7~8月	蓝紫色	喜土层深厚和排水良好的肥沃壤土荫蔽处为好。忌阳光直射	喜阴蔽,忌光直射	
10	银边玉簪		百合科 玉簪属	50~70	6~9月	白色	喜土层深厚,排水良好、肥沃的砂质壤土	喜阴耐寒	

续表

适合辽宁省栽培运用的多年生草本花卉名录

编号	中文学名	拉丁学名	所属科属	株高（cm）	开花时间	开花颜色	土壤	习性	样式
11	紫萼玉簪		百合科 玉簪属	70~100	8~9月	紫色	疏松、肥沃、排水良好的沙质土壤	耐寒、喜阴湿，忌强光	
12	大花葱	*Allium giganteum*	百合科 葱属	50~110	5~7月	红色、紫红色	疏松肥沃的沙壤土	喜凉爽阳光充足的环境	
13	卷丹百合	*Lanceleaf Lily Bulb*	百合科 百合属	50~150	7~8月	橙红色，有紫黑色斑点	喜肥沃、腐殖质多深厚土壤，忌硬黏土	喜凉爽潮湿环境，日光充足	
14	金叶麦冬	*Liriope spicata var. Variegata*	百合科 沿阶草属	30	6~9月	红紫色	疏松肥沃、排水良好、土层深厚的砂质壤土	喜阴湿，忌阳光曝晒，较耐寒	

续表

适合辽宁省栽培运用的多年生草本花卉名录

编号	中文学名	拉丁学名	所属科属	株高（cm）	开花时间	开花颜色	土壤	习性	样式
15	玉竹	Polygonatum odoratum (Mill.) Druce	百合科 黄精属	20～50	5～6月	黄绿色至白色	适宜生长于含腐殖质丰富的疏松土壤	耐寒，亦耐阴，喜潮湿环境	
16	铃兰	Convallaria majalis Linn.	百合科 铃兰属	18～30	5～7月	白色	要求富含腐殖质壤土及沙质壤土	性喜半阴、湿润环境，好凉爽，耐严寒；忌炎热干燥；不能与丁香一起种植	
17	百合	Lilium brownii var. viridulum Baker	百合科 百合属	70～150	7月	白色	土层深厚、肥沃疏松的砂质壤土	喜凉爽，较耐寒。高温地区生长不良。喜干燥，怕水涝	
18	萱草6种	Hemerocallis fulva (L.) L.	百合科 萱草属	30～50	6～8月	橘红至橘黄	以富含腐殖质、排水良好的湿润土壤为宜	阳性，耐半阴，耐寒，耐干旱，适应性强	

续表

适合辽宁省栽培运用的多年生草本花卉名录

编号	中文学名	拉丁学名	所属科属	株高(cm)	开花时间	开花颜色	土壤	习性	样式
19	蜀葵	Althaea rosea (Linn.) Cavan.	锦葵科 蜀葵属	200以上	6～8月	紫、粉、红、白色	疏松肥沃、排水良好、富含有机质的沙质土壤	喜阳光充足，耐半阴，忌涝	
20	芙蓉葵	Hibiscus moscheutos Linn.	锦葵科 木槿属	100～200	6～8月	玫瑰红或白色	水边的肥沃砂质土中生长繁茂	喜阳，略耐阴，温暖湿润气候，宜干旱，耐水湿	
21	麝香锦葵	Malva moschata	锦葵科 锦葵属	60	6～8月	粉红色		耐干旱，喜肥沃土壤	
22	小冠花	Coronilla varia L.	豆科 小冠花属	20～50	6～8月	粉红、淡红	在pH5.0～8.2的土壤上均可生长	喜温暖湿润气候，耐寒性极强	

附件　适合辽宁省栽培运用的多年生草本花卉名录与景观效果较好有实验价值的种子名录　177

续表

适合辽宁省栽培运用的多年生草本花卉名录

编号	中文学名	拉丁学名	所属科属	株高（cm）	开花时间	开花颜色	土壤	习性	样式
23	羽扇豆	Lupinus micranthus	豆科 羽扇豆属	70	3~5月	白、红、蓝、紫色	需肥沃、排水良好的沙质土壤	喜气候凉爽，阳光充足	
24	勺兰	Cypripecdium macranthum Swartz	兰科 勺兰属	20~40	6~7月	紫色	生于海拔300~1500m之间的山地疏林下、林缘灌丛间		
25	美人蕉	Canna indica L.	美人蕉科 美人蕉属	150以上	6~10月	白、黄、橙、红、粉、紫色	在疏松肥沃、排水良好的沙土壤中生长最佳，也适应于肥沃黏质土壤生长	喜温暖和充足的阳光，不耐寒	
26	落新妇	Astilbe chinensis (Maxim.) Franch. et Savat.	虎耳草科 落新妇属	50~100	6~9月	淡紫色至紫红色	喜微酸、中性排水良好的砂质壤土，也耐轻碱土壤	喜半阴，在湿润的环境下生长良好。性强健，耐寒	

续表

适合辽宁省栽培运用的多年生草本花卉名录

编号	中文学名	拉丁学名	所属科属	株高（cm）	开花时间	开花颜色	土壤	习性	样式
27	须苞石竹	Dianthus barbatus L.	石竹科 石竹属	30～60	5～10月	红紫色，有白点斑纹	要求肥沃、疏松、排水良好及含石灰质壤土或沙质壤土，忌水涝，好肥	耐寒、耐干旱、不耐酷暑	
28	石竹	Dianthus chinensis L.	石竹科 石竹属	30～50	5～6月	紫红、粉红、鲜红、白色等	要求肥沃、疏松、排水良好及含石灰质壤土或沙质壤土，忌水涝，好肥	耐寒、耐干旱、不耐酷暑	
29	石竹（粉色）	Dianthus carthusianorum	石竹科 石竹属	60	5～7月	粉色	要求肥沃、疏松、排水良好及含石灰质壤土或沙质壤土，忌水涝，好肥	耐寒、喜阳	
30	花叶芦竹	Arundo donax var. versicolor	禾本科 芦竹属	150～200	9～12月		喜肥沃、疏松和排水良好的微酸性沙质土壤	挺水草本观叶植物，喜温、喜光、耐水湿，也较耐寒，不耐干旱和强光	

附件 适合辽宁省栽培运用的多年生草本花卉名录与景观效果较好有实验价值的种子名录　179

续表

适合辽宁省栽培运用的多年生草本花卉名录

编号	中文学名	拉丁学名	所属科属	株高(cm)	开花时间	开花颜色	土壤	习性	样式
31	蒲苇	Cortaderia selloana	禾本科 蒲苇属	200~300	9~10月	银白色	对土壤要求不严，易栽培，管理粗放，可露地越冬	耐寒，喜温暖、阳光充足及湿润	
32	加拿大美女樱	Verbena hybrida Voss	马鞭草科 马鞭草属	10~50	5~11月	白、红、蓝、雪青、粉红等	以在疏松肥沃、较湿润的中性土壤能节节生根	喜温暖湿润气候，喜阳，不耐干旱	
33	细叶美女樱	Verbena tenera	马鞭草科 马鞭草属	20~30	4~10月	红、白、蓝紫等	在湿润、疏松的土壤中节节生根，枝繁叶茂	喜湿润，光照，生性强健，耐寒	
34	蛇莓	Duchesnea indica (Andr.) Focke	蔷薇科 蛇莓属	30~100	6~8月	黄色	田园土、砂壤土、中性土均能生长良好	喜阴凉，温暖湿润，耐寒，不耐旱，不耐水渍	

续表

适合辽宁省栽培运用的多年生草本花卉名录

编号	中文学名	拉丁学名	所属科属	株高（cm）	开花时间	开花颜色	土壤	习性	样式
35	委陵菜	Potentilla chinensis Ser.	蔷薇科 委陵菜属	20~70	4~10月	黄色		生山坡草地、沟谷、林缘、灌丛或疏林下	
36	大丽花	Dahlia pinnata Cav.	菊科 大丽花属	150~200	6~12月	红、黄、橙、紫、白等	适宜栽培于土壤疏松、排水良好的肥沃沙质土壤		
37	荷兰菊	Aster novi-belgii	菊科 紫菀属	60~100	10月	蓝紫或玫红	适宜在肥沃和疏松的沙质土壤生长	喜阳光充足和通风的环境，适应性强，喜湿润但耐干旱、耐寒、耐瘠薄	
38	日光菊	Heliopsis helianthoides	菊科 赛菊芋属	60~150	6~8月	黄、褐色	不择土壤	耐寒，喜向阳干燥环境	

附件 适合辽宁省栽培运用的多年生草本花卉名录与景观效果较好有实验价值的种子名录　181

续表

适合辽宁省栽培运用的多年生草本花卉名录

编号	中文学名	拉丁学名	所属科属	株高（cm）	开花时间	开花颜色	土壤	习性	样式
39	赛菊芋	Rudbeckia hirta L.	菊科 赛菊芋属	60～100	5～9月	金黄色	喜向阳高燥环境，不择土壤	耐半阴，耐寒，耐瘠薄，性强健	
40	大花金鸡菊	Heliopsis helianthoides	菊科 金鸡菊属	20～100	6～8月	黄色	不择土壤	阳性，耐寒	
41	松果菊	Coneflower	菊科 松果菊属	50～150	6～7月	红、粉、白、红复色	不择土壤，在深厚肥沃富含腐殖质土壤上生长良好	喜欢温暖，阳性强健而耐寒，喜光，耐干旱	
42	地被菊	Chrysanthemum morifolium Ramat.	菊科 菊属	30～40	9～10月	红、紫色	土壤要求疏松、肥沃	喜凉	

续表

适合辽宁省栽培运用的多年生草本花卉名录

编号	中文学名	拉丁学名	所属科属	株高（cm）	开花时间	开花颜色	土壤	习性	样式
43	春黄菊	Anthemis tinctoria	菊科 春黄菊属	30~60	5~7月	金黄色	在肥沃富含腐殖质土壤上生长良好	耐寒、耐半阴，适应性强	
44	长叶紫菀	Aster oblongifolius	菊科 紫菀属	45~60	10月	紫色	疏林中水旁岩石上，与鲜类同生	喜阳，耐旱	
45	牛眼菊	Bupthalmum salicifolium	菊科 牛眼菊属	50~70	5~8月	舌状花为白色，管状花为黄色		阳性、耐寒、喜肥沃，排水好土壤	
46	蓝箭菊	Catananche caerulea	菊科 垂头菊属	60	6~8月	蓝色	土壤要求疏松、肥沃	较耐寒，喜向阳环境，雨季注意排涝	

续表

适合辽宁省栽培运用的多年生草本花卉名录

编号	中文学名	拉丁学名	所属科属	株高（cm）	开花时间	开花颜色	土壤	习性	样式
47	金鸡菊	*Coreopsis drummondii*	菊科 金鸡菊属	40~50	5~9月	舌状花黄、棕、粉色；管状花黄色至褐色	土壤要求不严，喜光	耐旱、耐寒、耐阴，适应性强，对硫有较强的抗性二氧化	
48	金鸡菊晨光（朝阳）一重瓣	*Coreopsis dwarf* Early Sunrise	菊科 金鸡菊属	25~45	5~9月	金黄色	土壤要求不严，喜光	喜阳、耐旱	
49	紫松果菊（徕儒）	*Echinacea angustifolia*	菊科 紫松果菊属	30~60	6~9月	玫瑰紫色	在深厚肥沃富含腐殖质土壤上生长良好	喜阳、耐旱、不择土壤	
50	美丽飞蓬	*Erigeon speciosus* (blue/pink)	菊科 飞蓬属	40~60	6~9月	舌状花蓝紫色，管状花黄色		耐寒，可耐-25℃	

续表

适合辽宁省栽培运用的多年生草本花卉名录

编号	中文学名	拉丁学名	所属科属	株高（cm）	开花时间	开花颜色	土壤	习性	样式
51	滨菊（银公主）	Leucanthemum 'Silver Princess'	菊科 滨菊属	15~80	5~10月	白色	可生山坡草地或河边	喜阳、耐寒、稍耐阴	
52	美国石竹	Dianthus barbatus	石竹科 美国石竹	30~60	5~10月	粉色、白色、复色	要求肥沃、疏松、排水良好及含石灰质的壤土或沙质壤土，忌水涝，好肥	耐寒、耐旱、喜阳	
53	神香草	Hysoppus officnalis var. aristatus	唇形科 神香草属	20~50	6月	浅蓝、紫色	在日照好、温暖、土壤松软肥沃、保持湿润的地方生长良好	喜阳、喜松软肥沃土壤	
54	林荫鼠尾草	Salvia nemorosa	唇形科 鼠尾草属	60	6~9月	蓝、蓝紫色		喜阳、耐寒	

续表

适合辽宁省栽培运用的多年生草本花卉名录

编号	中文学名	拉丁学名	所属科属	株高（cm）	开花时间	开花颜色	土壤	习性	样式
55	黄芩	Scutellaria baicalensis	唇形科 黄芩属	30~120	7~9月	紫、紫红、蓝色		喜阳、耐寒	
56	百里香	Thymus vulgaris	唇形科 百里香属	15~20	7~8月	紫红、紫、淡紫、粉红色	对土壤的要求不高，但在排水良好的石灰质土壤中生长良好	喜阳、耐旱	
57	美国薄荷	Monarda didyma L.	唇形科 美国薄荷属	100~120	6~9月	淡紫红色	适应性强，不择土壤	性喜凉爽、湿润、向阳的环境，亦耐半阴	
58	一串红	Salvia splendens Ker-Gawler	唇形科 鼠尾草属	90	9~10月	红色	要求疏松、肥沃和排水良好的砂质壤土	喜温暖和阳光充足环境，不耐寒，耐半阴，忌霜雪和高温	

续表

适合辽宁省栽培运用的多年生草本花卉名录

编号	中文学名	拉丁学名	所属科属	株高（cm）	开花时间	开花颜色	土壤	习性	样式
59	藿香	Agastache rugosa (Fisch. et Mey.) O. Ktze.	唇形科 荆芥属	50~150	6~9月	淡紫蓝色	土层深厚肥沃疏松的砂质壤土或壤土为佳	喜高温，阳光充足环境	
60	荆芥	Nepeta cataria L.	唇形科 荆芥属	40~150	7~9月	白色	在疏松、肥沃的土壤上生长较好	性喜阳光，耐高温，较耐寒	
61	三七景天	Sedum aizoon L.	景天科 景天属	20~50	6~7月	黄色	适应性强，不择土壤、气候		
62	八宝景天	Hylotelephium erythrostictum (Miq.) H. Ohba	景天科 八宝属	30~50	7~10月	白、紫红、玫红色	不择土壤，要求排水良好	性喜强光和干燥、通风良好的环境，亦耐轻度蔽阴	

续表

适合辽宁省栽培运用的多年生草本花卉名录

编号	中文学名	拉丁学名	所属科属	株高（cm）	开花时间	开花颜色	土壤	习性	样式
63	紫景天'帝王'	Sedum telephium 'Emperors Wave'	景天科景天属	60~90	7~9月	紫色	要求排水良好	喜阳、耐寒、耐旱	
64	聚花风铃草	Campanula glomerata	桔梗科风铃草属	40~125	7~9月	紫色、蓝色、蓝紫色	喜深厚肥沃、排水良好的中性土壤	喜凉爽、温和的气候、耐旱	
65	风铃草（蓝色）	Campanula persicifolia Takion	桔梗科风铃草属	40~50	5~7月	蓝色	喜深厚肥沃、排水良好的中性土壤，微碱性土壤中也能正常生长	喜阳，通风良好，不耐干热，中性、微碱性土壤可以生存	
66	垂吊风铃	Campanula poscharskyana	桔梗科风铃草属	20~25	6~8月	星形蓝色	适宜在含腐殖质丰富、疏松透气的沙质土壤中生长	喜温暖湿润和阳光充足的环境，也耐半阴	

续表

适合辽宁省栽培运用的多年生草本花卉名录

编号	中文学名	拉丁学名	所属科属	株高（cm）	开花时间	开花颜色	土壤	习性	样式
67	丛生风铃草	Campanula carpatica	桔梗科风铃草属	20～40	3～8月	白色、蓝色、粉红色或紫色	喜生长在阳光充足、排水良好但土壤潮湿的环境	喜阳、耐寒，对土壤要求不严	
68	桔梗	Radix platycodonis	桔梗科桔梗属	20～120	6～9月	暗蓝色或暗紫白色	排水良好的土壤	阳性，喜凉爽湿润	
69	蓝亚麻	Linum perenne	亚麻科亚麻属	50～60	5～7月	蓝、浅蓝色	在土质肥沃、排水通畅的土中生长良好	耐旱，在偏碱土壤生长不良	
70	红亚麻	Linum rubrum	亚麻科亚麻属	40～50	5～6月	红色		幼苗期怕涝，成株后抗涝力强短日照喜阳	

附件 适合辽宁省栽培运用的多年生草本花卉名录与景观效果较好有实验价值的种子名录　189

续表

适合辽宁省栽培运用的多年生草本花卉名录

编号	中文学名	拉丁学名	所属科属	株高（cm）	开花时间	开花颜色	土壤	习性	样式
71	福禄考6种	Phlox drummondii Hook.	花荵科 天蓝绣球属	15~30	6~9月	红、紫、白、黄等	喜排水良好，稍耐石灰质土壤	阳性，耐寒，宜温和气候	
72	地丁	Corydalis bungeana Turcz.	罂粟科 紫堇属	10~30	4~9月	粉红色至淡紫色	黏土、壤土、砂质壤土均可种植	适应性较强，喜温暖稍凉爽气候	
73	芍药	Paeonia lactiflora Pall.	芍药科 芍药属	60~80	5~6月	白、粉、红、紫、黄、绿、黑和复色	肥沃疏松、排水良好的沙质壤土	喜光照，耐旱	
74	无毛紫露草	Tradescantia virginiana	鸭跖草科 鸭跖草属	30~35	5~10月	蓝紫色	要求疏松、湿润而又排水良好的土壤，怕涝	性喜凉爽、湿润气候，耐旱、耐寒、耐瘠薄，忌涝，喜阳光	

续表

适合辽宁省栽培运用的多年生草本花卉名录

编号	中文学名	拉丁学名	所属科属	株高(cm)	开花时间	开花颜色	土壤	习性	样式
75	千屈菜	Lythrum salicaria L.	千屈菜科 千屈菜属	30~100	7~9月	玫红色	深厚、富含腐殖质的土壤上生长更好	阳性、耐寒、通风好	
76	吊钟柳	Penstemon campanulatus	玄参科 钟柳属	50	5~10月	红、紫、白色	排水良好,以含石灰质的砂质壤土为佳	喜温暖,光线良好、通风的环境	
77	风信子类6种	Hyacinthus orientalis L.	风信子科 风信子属	20~40	3~4月	蓝、粉、白、黄、紫、红等	排水良好和肥沃的沙壤土	喜阳光充足、较湿润的生长环境	
78	海石竹	Armeria maritima	白花丹科 海石竹属	20~30	3~6月	粉红色至玫瑰红色	水良好的砂质土壤	喜阳光充足、忌高温高湿	

续表

适合辽宁省栽培运用的多年生草本花卉名录

编号	中文学名	拉丁学名	所属科属	株高（cm）	开花时间	开花颜色	土壤	习性	样式
79	秋海棠	Begonia grandis Dry	秋海棠科 秋海棠属	60	7～8月	多为粉红色	排水好，腐叶土层的林下或岩石缝隙	温暖的环境，生长适温为19～24℃，冬季温度不低于10℃	
80	美丽月见草	Oenothera speciosa	柳叶菜科 月见草属	30～55	4～11月	粉红至紫红色	对土壤要求不严，一般中性、微碱或微酸性疏松的土壤上均能生长，但土壤太湿，根易得病	喜阳、耐寒	
81	败酱	Patrinia scabiosifolia	败酱科 败酱科	30～100	7～9月	黄色	生长于山坡草地，对土壤要求不严	耐寒	
82	扁叶刺芹 蓝精灵	Eryngium planum Blue Hobbit	伞形科 刺芹属	30	7～8月	蓝色	喜疏松排水好的土壤	耐干旱性很强，是一种典型抗旱植物，具有半耐阴的特性	

续表

适合辽宁省栽培运用的多年生草本花卉名录

编号	中文学名	拉丁学名	所属科属	株高（cm）	开花时间	开花颜色	土壤	习性	样式
83	轮锋菊（蓝／白）	Scabiosa caucasica	川续断科 山萝卜属	30～60	5～6月	蓝、白色	要求排水良好，疏松肥沃，酸碱度适中的土壤	耐寒、忌炎热、湿和积涝	
84	蓬子菜	Galium verum	茜草科 拉拉藤属	25～45	4～8月	黄色	喜疏松排水好的土壤	耐寒	

名录二：

景观效果较好有实验价值的种子名录

编号	中文学名	拉丁学名	所属科属	株高（cm）	开花时间	开花颜色	土壤	习性	样式
1	紫菀	Aster divaricatus	菊科 紫菀属	40～50	7～9月	浅紫色	低山阴坡湿地、山顶和低山草地及沼泽地	耐涝、怕干旱、耐寒性较强	

续表

景观效果较好有实验价值的种子名录

编号	中文学名	拉丁学名	所属科属	株高(cm)	开花时间	开花颜色	土壤	习性	样式
2	美丽飞蓬	Erigeron speciosus 'Azurfee'	菊科飞蓬属	40~60	6~7月	紫色		抗旱、抗寒、可耐-25℃	
3	蛇头草	Chelone obliqua GN	菊科龟头菜属	10~20	4~5月	白色	向阳山坡林下，溪谷旁潮湿草丛	喜阳光充足，气候凉爽，耐寒力强，亦耐半阴环境	
4	蛇鞭菊	Liatris pycnostachya	菊科蛇鞭菊属	70~120	7~8月	紫色	土壤要求疏松肥沃，排水良好，以pH值6.5~7.2的沙壤土为宜	耐寒、耐水湿、耐贫瘠、喜欢阳光充足、气候凉爽的环境	
5	牛眼菊	Buphthalmum salicifolium 'Alpengold'	菊科牛眼菊属	50~70	6~8月	白色		阳性、耐寒、喜肥沃、排水好	

续表

景观效果较好有实验价值的种子名录

编号	中文学名	拉丁学名	所属科属	株高（cm）	开花时间	开花颜色	土壤	习性	样式
6	琉璃菊	Stokesia laevis	菊科	15~30	5~7月	紫色	栽培土质以肥沃富含有机质的壤土或砂质壤土最佳，排水需良好，日照要充足，平时培养土要保持湿润	喜凉爽阳光充足的环境喜凉爽阳光充足的环境	
7	银胶菊	Parthenium integrifolium	菊科 银胶菊属	60~100	4~10月	白色	旷地、路旁、河边及坡地	喜阴湿，稍耐寒，性强健	
8	百日草	Zinnia grandiflora	菊科 户百日菊属	30~100	7~8月	粉色、黄色、白色、紫色	宜在肥沃深土层土壤中生长，生长期适温15~30℃	喜温暖、不耐寒，喜阳光，性强健、耐瘠薄、忌连作	
9	报春花	Primula elatior	报春花科 报春花属	10~40	2~5月	粉色、黄色、白色等	潮湿肥地、沟边及林口缘	不耐高温和强烈的直射阳光，多数亦不耐严寒	

续表

景观效果较好有实验价值的种子名录

编号	中文学名	拉丁学名	所属科属	株高（cm）	开花时间	开花颜色	土壤	习性	样式
10	红景天	Rhodiola integrifolia ssp. atropurpurea	景天科 红景天属	20~30	4~6月	红色	疏松、肥沃、排水良好的沙质土壤	耐寒，耐水湿，耐贫瘠，喜欢阳光充足、气候凉爽的环境	
11	三叶草夹竹桃	Phlox pilosa	夹竹桃科 夹竹桃属	50~80	7~8月	粉色	喜土层深厚和排水良好的肥沃壤土荫蔽处为好，忌阳光直射	喜阴蔽，忌阳光直射	
12	穗花婆婆纳	Veronica spicata	玄参科 婆婆纳属	约45	6~8月	紫色、粉色	自然生长在石灰质草甸及多砾石的山地上	喜光，耐半阴，在各种土壤上均能生长良好，冬季土壤湿涝	
13	羊毛水苏	Stachys discolor	唇形科 水苏属	20~80	5~7月	红紫色	水沟、河岸等湿地上	喜阴湿，忌阳光曝晒，较耐寒	

续表

景观效果较好有实验价值的种子名录

编号	中文学名	拉丁学名	所属科属	株高（cm）	开花时间	开花颜色	土壤	习性	样式
14	岩青兰	Dracocephalum rupestre	唇形科 青兰属	15~40以上	7~9月	蓝紫色	高山草原、草坡或疏林下阳处	喜温暖和充足的阳光、耐寒	
15	欧洲耧斗菜（蓝色）	Aquilegia VulgarisL.	毛茛科 耧斗菜属	18~30	6~7月	蓝紫色	要求富含腐殖质壤土及沙质壤土	性喜半阴、湿润环境，好凉爽，忌炎热干燥，耐严寒，不能与丁香一起种植	
16	铁线莲	Clematis integrifolia 'Blue Ribbons'	毛茛科 铁线莲属	30~60	6~9月	白色	喜肥沃、排水良好的碱性壤土	耐寒性强，可耐 -20℃低温	
17	宿根亚麻	Linnum rubrum	亚麻科 亚麻属	20~90	6~7月	浅蓝绿色	土质肥沃、排水通畅的土中生长良好	耐旱，在偏碱土壤生长不良	

续表

景观效果较好有实验价值的种子名录

编号	中文学名	拉丁学名	所属科属	株高（cm）	开花时间	开花颜色	土壤	习性	样式
18	水甘草	Amsoniahubrichtii GN	夹竹桃科 水甘草属	30	6月	白色	疏松肥沃，排水良好，富含有机质的沙质土壤	喜阳光充足，耐半阴，忌涝	
19	瞿麦	Lilium brownii var. viridulum Baker	石竹科 石竹属	50~60	6~9月	紫色	陵山地疏林下、林缘、草甸、沟谷溪边		
20	角蒿	Incarvillea olgae	紫葳科 角蒿属	50~80	5~9月	粉红、淡红	对土壤要求不严，黏土、砂质壤土均可栽培	喜湿润、耐寒、怕涝、抗病力强	
21	芫荽花	Eryngium yuccifolium	伞形科 刺芹属	20~100	4~11月	白色	对土壤要求不严，但土壤结构好、保肥水性能强、有机质含量高的土壤		

续表

景观效果较好有实验价值的种子名录

编号	中文学名	拉丁学名	所属科属	株高（cm）	开花时间	开花颜色	土壤	习性	样式
22	大花毛地黄	Digitalis ambigua	玄参科 毛地黄属	60~120	5~6月	淡粉色至紫红色	喜阳且耐荫，适宜在湿润而排水良好的土壤上生长	较耐寒，较耐干旱，忌炎热，耐瘠薄土壤	
23	马利筋	Asclepias tuberosa.	萝藦科 马利筋属	80	几乎全年	红紫色，有白点斑纹	要求土壤湿润肥沃，不耐干旱，因此需保土壤湿润	喜温暖气候，不耐精冻	
24	拂子茅	Calamagrostis brachytricha	禾本科 拂子茅属	45~100	5~9月		水分条件良好的农田、地埂、河边及山地	耐湿，喜光耐半阴	
25	党参	Codonopsis clematidea GN	桔梗科 党参属	50~80以上	7~10月	黄白色	适宜在土层深厚，排水良好，土质疏松而富含腐殖质的砂质壤土栽培	喜温和凉爽气候，耐寒，根部能在土壤中露地越冬	

本团队对该名录所包含的多年生草本植物名录花期进行整理与归纳，目的是为多年生草本植物的设计达到三季有花四季有景的景观效果。对草本植物花期的归纳与整理也是为目前对于多年生草本植物花卉研究的一个反思，目的在于促使我们探索现在还没有研究到的花期更长以及1~2月开花的多年生草本植物花卉品种。花期一览表如附图-1、附图-2所示。

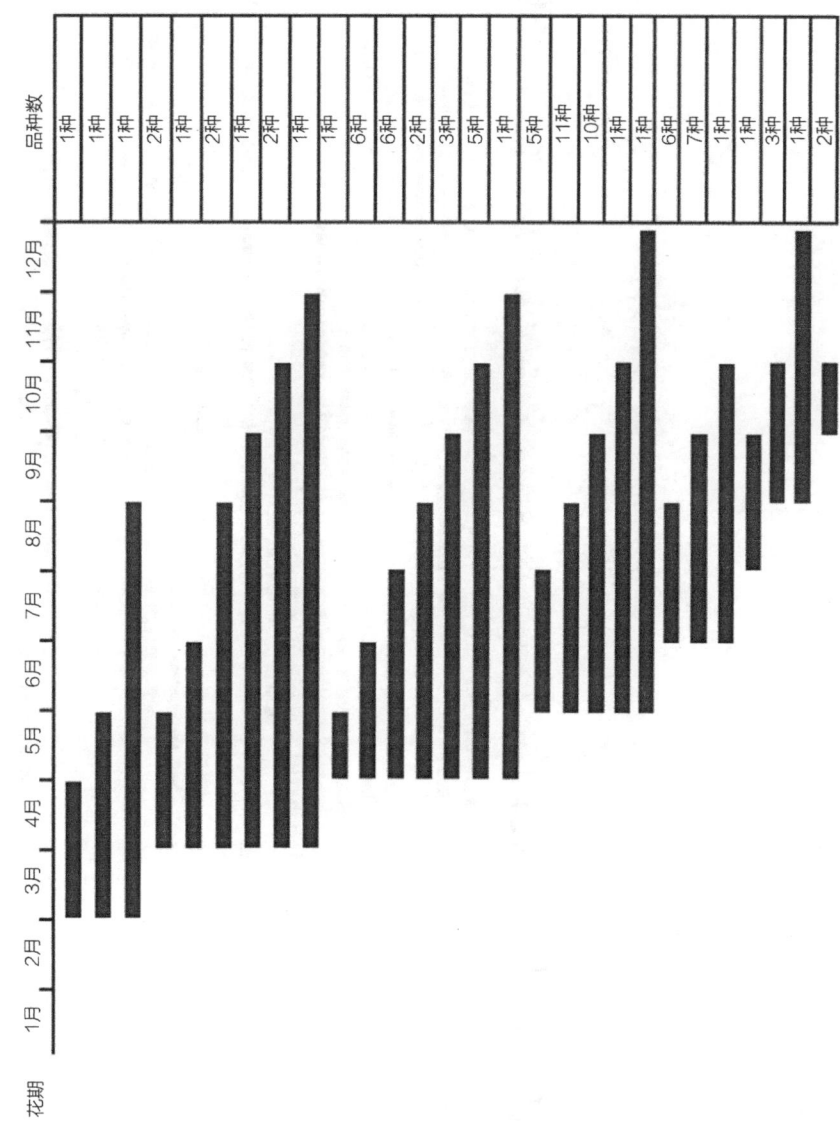

附图-1

附图-2

参考文献

专（译）著：

[1]（英）麦克洛克林（Mcloughlin, J.B.）. 系统方法在城市和区域规划中的应用[M]. 王凤武，译. 北京：中国建筑工业出版社，1988.

[2] 李振基，陈圣宾. 群落生态学[M]. 北京：气象出版社，2011.

[3] 陶文芳. 推进城镇两型化发展：城镇化进程中土地资源、景观格局的时空变化[M]. 北京：中国经济出版社，2013.

[4] 刘铁冬等. 景观生态学案例分析：河流景观格局与生态脆弱性评价[M]. 北京：科学出版社，2015.

[5] 徐宗学. 辽河流域环境要素与生态格局演变及其水生态效应[M]. 北京：中国环境科学出版社，2016.

[6] 范钦栋. 景观格局变化与生态系统服务[M]. 北京：科学出版社，2017.

[7] 傅伯杰，陈利顶等. 景观生态学原理及应用（第二版），[M]. 北京：科学出版社，2018.

期刊论文：

[1] 武正军，李义明. 生境破碎化对动物种群存活的影响[J]. 生态学报，2003（23）.

[2] 曹裕松，李志安，邹碧. 森林植物的一些特殊环境功能[J]. 生态科学，2003（03）.

[3] 李双成，许月卿，周巧富，等. 中国道路网与生态系统破碎化关系统计分析[J]. 地理科学进展，2004（05）.

[4] 朱强，俞孔坚，李迪华. 景观规划中的生态廊道宽度[J]. 生态学报，2005（09）.

[5] 关华. 道路建设中的生态问题——应用生态廊道设计降低生态冲击的新观点[J]. 生态经济，2006（01）.

[6] 王晓乾，于英梅. 基于生态恢复的高速公路立交区及隧道口景观绿化设计[J]. 交通标准化，2006（04）.

[7] 郑根清，凌飞，林生明. 公路生态景观布局探讨利用——以205国道开化段生态景观布局为例[J]. 华东森林经理，2007（02）.

[8] 袁黎，陆键，朱雷雷，项乔君. 高速公路绿化评价指标体系及评价方法研究[J]. 公路交通科技，2007（03）.

[9] 徐碧华，郑志华，刘令峰，陈兴龙. 高速公路建设对野生动物生境破碎化分析与生态廊道构建[J]. 交通建设与管理，2007（08）.

[10] 范纪军, 朱京海. 沈抚同城化生态廊道建设典范: 以沈抚百里生态路规划设计成果为例 [J]. 科技创新导报, 2009 (13).

[11] 刘滨谊, 王鹏. 绿地生态网络规划的发展历程与中国研究前沿 [J]. 中国园林, 2010, (3).

[12] 闫水玉, 赵柯, 邢忠. 美国、欧洲、中国都市区生态廊道规划方法比较研究 [J]. 国际城市规划, 2010 (02).

[13] 闫水玉, 赵柯, 邢忠. 都市地区生态廊道规划方法探索: 以广州番禺片区生态廊道规划为例 [J]. 规划师, 2010 (06).

[14] 董舫, 王春晖, 于冬波. 寒地旅游景观评价及开发研究: 以吉林省为例 [J]. 宁夏大学学报: 自然科学版, 2011 (01).

[15] 郝琦卉, 张思, 倪志明. 大道生态廊道构建刍议 [J]. 现代园艺, 2012 (21).

[16] 蔡青, 曾光明, 石林, 梁婕, 黄璐, 韦安磊. 基于栅格数据和图论算法的生态廊道识别 [J]. 地理研究, 2012 (08).

[17] 刘京京, 李建东, 刘惠, 韩振华. 基于GIS的沈阳市生态廊道景观研究 [J]. 沈阳农业大学学报, 2012 (03).

[18] 乔欣, 杨威. 从被动保护到保护性开发的城市生态廊道规划——以广州番禺片区生态廊道规划为例 [J]. 西部人居环境学刊, 2013 (03).

[19] 穆少杰, 周可新, 方颖, 等. 构建大尺度绿色廊道, 保护区域生物多样性m. 生物多样性, 2014, (22).

[20] 徐丕海. 北方寒冷地区高速公路景观绿化设计 [J]. 北方交通, 2014 (09).

[21] 常杨, 高鸣晓. 浅谈高速公路景观绿化模式设计与景观美学 [J]. 北方交通, 2014 (A2).

[22] 张婧丽. 高速公路景观绿化中的生态廊道 [J]. 交通标准化, 2014 (10).